元気と勇気がわいてくる話

活力与勇气
松下幸之助的人生前行心得

[日] 岩井虔 著

陈颖 译

机械工业出版社
China Machine Press

图书在版编目（CIP）数据

活力与勇气：松下幸之助的人生前行心得 /（日）岩井虔著；陈颖译 . —北京：机械工业出版社，2022.8
ISBN 978-7-111-71355-5

Ⅰ. ①活… Ⅱ. ①岩… ②陈… Ⅲ. ①松下幸之助（1894-1989）- 生平事迹 ②松下幸之助（1894-1989）- 企业管理 - 经验 Ⅳ. ① K833.135.38 ② F413.366

中国版本图书馆 CIP 数据核字（2022）第 139029 号

北京市版权局著作权合同登记　图字：01-2022-2417 号。

MATSUSHITA KONOSUKE: GENKI TO YUKI GA WAITEKURU HANASHI
Copyright © 2010 by Ken Iwai.
Simplified Chinese Translation Copyright © 2022 by China Machine Press. Simplified Chinese translation rights arranged with PHP Institute, Inc. Original Japanese edition published by PHP Institute, Inc. This edition is authorized for sale in the Chinese mainland (excluding Hong Kong SAR, Macao SAR and Taiwan).

No part of this book may be reproduced or transmitted in any form or by any means, electronic or mechanical, including photocopying, recording or any information storage and retrieval system, without permission, in writing, from the publisher.

All rights reserved.

本书中文简体字版由 PHP Institute, Inc. 授权机械工业出版社在中国大陆地区（不包括香港、澳门特别行政区及台湾地区）独家出版发行。未经出版者书面许可，不得以任何方式抄袭、复制或节录本书中的任何部分。

活力与勇气：松下幸之助的人生前行心得

出版发行：机械工业出版社（北京市西城区百万庄大街22号　邮政编码：100037）
责任编辑：张　楠
责任校对：梁　静　王　延
印　　刷：北京铭成印刷有限公司
版　　次：2022年11月第1版第1次印刷
开　　本：147mm×210mm　1/32
印　　张：7.25
书　　号：ISBN 978-7-111-71355-5
定　　价：59.00元

客服电话：（010）88361066　68326294

版权所有·侵权必究
封底无防伪标均为盗版

CONTENTS 目 录

总　序　儒家思想、日本商道与松下幸之助
译者序　素直之心：松下幸之助的经营理念
前　言

第1章 | 如何在工作中成长　　　　　　　　　1

用一句话解释　　　　　　　　　　　3
打扫卫生的重要性　　　　　　　　　9
随机应变　　　　　　　　　　　　15
汇聚集体智慧的磁铁　　　　　　　20
所谓的认真工作　　　　　　　　　24
知识分子的弱点　　　　　　　　　30
启迪智慧的公式　　　　　　　　　35
"讨人喜欢"这条不加进去不行　　41
受人爱戴　　　　　　　　　　　　47

第 2 章	**如何培养下属**	51
	能激励下属的提问方式	53
	鞭其"诚"长	58
	松下幸之助探病	62
	"你是家庭经营者吗?"	67
	灯下黑	72
	"把工资还给我"	78
	谁提问谁升职	84

第 3 章	**如何发展壮大公司**	89
	铭刻于心的信件	91
	所谓"商人"	95
	睡不着的理由	100
	血　尿	105
	一个领导者的解读方式	110
	"你去把抹布拿来"	115
	"你没看到那个快要掉下来的广告牌吗?!"	120

第 4 章	**如何奉献社会**	127
	什么才是正确的	129
	有梦想、有远见的人	134

关于素直之心的对话	138
心灵的"贫瘠"与"富足"	143
只要有志向	148
"这枚勋章很重吧"	153
把道德与实际利益结合起来	158

第 5 章 | 如何成就更好的人生   165

好运之人	167
每天以认真定胜负	172
热泪盈眶	176
"哲学"是什么	179
深更半夜去上班	183
"我还想再来"	187
短诗《青春》	191
鞠躬致谢	195
五分钱的白铜币最好	200
奋斗到生命的最后一刻	204

总　序　　FOREWORD

儒家思想、日本商道与松下幸之助

在中国，历史悠久的企业被称为"百年老店"或"老字号"。根据日经BP在2020年的调查，全球百年企业有80 066家，其中33 076家是日本企业，占全球百年企业的41%。也就是说，日本是世界上拥有百年企业最多的国家。全球拥有200年以上历史的企业有2051家，其中1340家是日本企业。[一]

为什么日本有这么多长寿企业？因为很多历史悠久的日本企业都有自己的"家训"和"家规"，被后继者传承和遵守。

[一] 雨宫健人.世界の長寿企業ランキング、創業100年、200年の企業数で日本が1位［EB/OL］.（2020-03-18）[2022-06-06]. https://consult.nikkeibp.co.jp/shunenjigyo-labo/survey_data/I1-03/.

日本伊藤忠商事株式会社是为数不多的综合性贸易公司之一，继承了近江商人的经营理念，其核心是三方好（买方好，卖方好，社会好）。也就是说，企业不能只关注自己的利润，还要回应客户和相关方的期待，从而为社会做出贡献。

大丸松坂屋百货的"家训"是"先义后利"，茂木家族⊖的"家训"是"家人需以和为贵，切记德为本、财为末"。它们绝不做无义无德的生意。在它们看来，利润不是目的，而是企业为社会做出贡献后获得的回报。由此可见，这些百年企业的"家训"深受儒家思想的影响。

儒家思想大约在公元 5 世纪传入日本，公元 6 世纪佛教也传入日本。儒家思想被僧侣和贵族作为教养来学习，在 16～17 世纪被武士阶层作为统治思想付诸实践。

⊖ 茂木家族，拥有日本著名的酱油品牌"龟甲万"。

18世纪初,一位名叫石田梅岩[一]的町人思想家,深受儒家和佛教思想的影响,开始倡导石门心学,他的弟子更是在日本各地开设心学讲舍,向平民百姓传播儒家的道德观。在明治维新前的100年里,日本各地共开设了173所心学讲舍。

大约在同一时期,大阪商人在船场[二]成立了一所专门面向大阪商人的学堂——怀德堂,是商人学习儒家思想的场所。

像心学讲舍和怀德堂这样对平民百姓和商人传播儒家思想的场所,对大阪商人群体的经商之道产生了巨大影响。18~19世纪,儒家思想作为一种普遍的道德观念渗透到日本的平民阶层。

1904年,松下幸之助在小学四年级中途辍学,

[一] 在日本近代化的历程中,町人阶级(城市商人)迅速发展。石田梅岩是日本江户时代的町人思想家,创立了石门心学。该学说的着眼点是处于士农工商中身份最低的商人,主张商人存在的必要性和商业赢利的正当性,也强调了商人应该"正直赢利"和"俭约齐家"。

[二] 船场,日本地名。

到 1910 年为止的这 6 年，他在船场度过了多愁善感的少年时代。就是在这个时期，他亲身体会到以船场为代表的经商之道——关西商法。

关西商法的根本是"天道经营"，也就是顺应天道，正确经营。正确经营的思考方法有三种：奉公（遵纪守法，报效国家）、分限（安守本分，不做超越自己能力的事情）、体面（坚守信用，获得信赖）。正确经营的行为准则有三条：始末（以终为始，确定目标，定期结算）、才觉（求创意，差异化经营）、算用（做好成本管理）。这些思想在松下电器的纲领㊀、信条㊁、七精神㊂及组织、制度中被运用，传承至今。

日本的大实业家涩泽荣一出生于 1840 年，被称为"日本现代经济之父"。他一生参与了 500 多家公

㊀ 纲领：贯彻产业人之本分，努力改善和提高社会生活水平，以期为世界文化的发展做贡献。
㊁ 信条：进步与发展若非得益于各位职工的和睦协作，殊难实现。诸位应以至诚为旨，团结一致，致力于公司的工作。
㊂ 七精神：产业报国之精神、光明正大之精神、团结一致之精神、奋发向上之精神、礼貌谦让之精神、改革发展之精神和服务奉献之精神。

司的创建，包括引进欧美的合资公司制度和现代工业。涩泽荣一倡导道德与经济合一，他的著作《论语与算盘》在 100 多年后的今天仍然被众多商业领袖广为阅读。

受儒家和佛教思想的影响，诞生于江户时代的关西商法，通过涩泽荣一、松下幸之助和稻盛和夫等商业领袖的思考、实践与传承，今天仍然是日本企业长寿经营的思想支柱。中国的企业家们已经关注到这一现象。我们期待松下幸之助经营哲学书系能够给大家提供有益借鉴。

木元哲

松下电器（中国）有限公司前总裁

零牌顾问国际导师

中国广州

2022 年 6 月

THE TRANSLATOR'S WORDS 译者序

素直之心:松下幸之助的经营理念

被誉为"经营之神"的松下幸之助,一生缔造了太多的传奇。在探寻一个小学都未毕业的学徒何以能缔造松下电器这一商业帝国,成为众望所归的"经营之神"时,你会发现贯穿其一生的就是那颗"素直之心"。以"素直之心"培养员工、壮大公司、奉献社会,从而成就松下幸之助传奇而不凡的一生。

松下幸之助对待员工如同对待家人,让员工在工厂时感觉到家一般的温暖和依靠。他创办松下政经塾,对学生只有一个要求——"打扫卫生"。正是这简单的要求,让学生从中明白了"扫一屋,而后扫天下"的道理。他创办了PHP,传播"通过繁荣实现和平与幸福"（Peace and Happiness through Prosperity）的共赢理念。他春风化雨的日常指导、幽默机智的随机应变能力、对待工作的认真态度和勤学好问、善于集思广益的思维方式，让年轻员工在工作中得到成长。正如本书作者，跟随松下幸之助28年之久的岩井虔先生领悟到的那样：要想共同建设一个更好的社会，仅靠说大话是不行的。我们只有好好工作，不被自己的利害得失等因素影响，才可能在我们身边打造出一个好的职场，而众多好的职场会形成一个好的组织，众多好的组织会组成一个好的社会。一个人做的事，是会像水波一样向周围扩散的。这些都是"素直之心"的体现。在我为期10年的企业管理指导活动中，"素直之心才是通往成功的捷径"这一点得到了充分的验证。

我翻译并研究松下先生的经营哲学，完全是由于我过去近40年的制造业的工作经历（其中包括近10年的企业管理和咨询的社会实践），让我充分意识到在中国的制造型企业中，运用中国儒家思想与现代管理科学相结合的企业治理方式的重要性。

松下电器能成为世界著名的企业，和松下先生众多的经营理念有着密不可分的联系。松下先生"素直之心"的理念对中国的制造型企业产生了重大影响。

2013年，美的集团下的威灵电机事业部（即广东威灵电机制造有限公司，以下简称"威灵电机"）主动向我们松下咨询团队提出了咨询的请求。当时威灵电机在家电行业的实力并不是很强。在巨大的人工成本的压力下，威灵电机打算斥资1.3亿元购买自动化设备来机器换人，以此来提高利润率。我们建议威灵电机不要购买设备，而要把重点放在消除浪费上。

那么如何做到消除浪费呢？最重要的就是拥有"素直之心"。简单地说，"素直之心"就是不能感性地判断，而要理性地思考，正确地掌握事物的道理与真相。一旦知道什么是正确的，就要坚定不移地执行。

我们团队对威灵电机进行了详细的考察后，提出了消除浪费的具体方案。威灵电机的全体人员认真地听取了我们的建议，并和我们进行了多次探讨，以完全彻底的"素直之心"投入到工作中。

威灵电机的全体人员秉持"素直之心"，坚持消除浪费，给威灵电机带来了巨大的收益。在总计350条生产线中，效率超过400%的有10条，超过300%的有40条，事业部整体效率提升了90%，利润率也由6%上升到20%。经改善后，1500人的生产能力与改善前3500人的生产能力相同。之后，松下精益管理理念和具体方法贯彻到整个美的集团，为日后美的集团的腾飞打下了坚实的基础。

通过岩井虔先生的梳理，我们再一次体会到松下幸之助先生崇高的人格魅力，受到了松下幸之助先生伟大的企业管理理念的洗礼。在当今世界，这些管理理念依然不会过时，并影响了国内如张瑞敏、任正非等老一辈企业家。在当前新冠肺炎疫情的影响下，许多企业正面临着不小的危机。从这本书中，或许我们可以学到一些自救的方法。

陈　颖

华和汇智（北京）科技有限公司董事长

2022 年 5 月

前言 PREFACE

大约 4 年前，本书曾以《这么想就轻松了：与松下幸之助在一起的日子》为名，由 PHP 研究所出版过，本次书名改为《活力与勇气：松下幸之助的人生前行心得》。

最近，松下幸之助的书似乎又畅销起来了。

松下幸之助被称为"经营之神"，他生前出版的数十本谈及人生、经营的著作大都成为畅销书，至今仍深受人们的喜爱。

但在松下幸之助已经去世 20 多年，世情世态已与 20 世纪大不相同的今天，为什么还有那么多喜欢松下幸之助的读者呢？那可能是因为当今社会中出现了各种失调和障碍，如今的时代很难让人对未来抱有期待。因此，在这种前行之路受阻的情况下，大概有很多人希望能再次接触到明确的人生论和经营思想，希望走到歧路的时候能获得披荆斩棘的智慧，也希望在日常的生活中获得精神和勇气吧！

出版了许多松下幸之助著作的PHP研究所是松下幸之助于1946年创建的。当时，松下幸之助深深地为第二次世界大战后荒废的日本和日本人的未来感到忧虑，因此他以实现和平（Peace）、幸福（Happiness）与繁荣（Prosperity）㊀为目标，创建了PHP研究所，并主导了PHP研究所的日常工作方向，将其定位为一所研究人类的生活方式和社会模式的研究机构。

我曾在PHP研究所工作过，并在松下幸之助所长身边接受了28年的熏陶。本书就是这些日常生活

㊀ PHP由英文"Peace and Happiness through Prosperity"的大写的首字母组成，意思是"通过繁荣实现和平与幸福"。——译者注

体验的回忆录。本书内容原本连载于 PHP 研究所的内部报刊《道路无限》上，便于新进员工参考。后来我觉得这些内容一般人读来可能也有意义，因此便从中选取了一些内容进行了些许加工。

我在松下先生身边工作多年，如今回顾起这段经历，再次感受到了他的人格魅力。和他在一起很开心，也学到了很多东西。尤其是他在育人、用人、提升员工整体水平等方面的构思和想法，实在是很难得。

我在第 1 章的最后说过松下先生的回答：对于一个经营者来说，最重要的是被人们喜爱。

当然，要想被人们喜爱，首先就要爱他们，为他们付出一切。

松下幸之助的商务理念中经常强调"要被客户和人们所爱戴""要做客户和人们喜爱的事情"，他自己每天也都很注意一言一行。

最近,"教练"这个词在企业培训教育领域开始流行起来了。它指的是最大限度地挖掘和活用每个人与生俱来的天赋,我觉得它和松下幸之助在人类观、人性塑造实践等方面的某些理念是相通的。

希望本书能对读者的人生和工作(特别是培养人才、建立良好人际关系方面)有所帮助。

在本书出版之际,我要向PHP研究所研究本部、出版部的各位工作人员,特别是长期负责公司内部报刊连载工作的福本睦美女士表示衷心的感谢。

岩井虔

2010年9月

CHAPTER 1
第 1 章

如何在工作中成长

用一句话解释

除非你真正抓住了这个学科的精髓与本质,否则是很难完美地用一句话来解释一个学科的。而如果解释时"东一榔头,西一棒子",则会导致内容越来越多,最终会让听者觉得似懂非懂。此外,若未能抓住事物的本质,就算勉强用一句话概括出来了,也会失了准头。那个时候,我才意识到,人真的很难用一句话去解释一个没有真正理解的事物。

直至今天,我仍清楚地记得,我第一次见到松下幸之助这个大人物时的情景。

大学毕业后,我便入职松下电器,在其大阪门真本部的广告部工作。说起广告,人们往往认为它是一份华丽而荣耀的工作,主要职责就是把公司的各项信息宣传给外界。但我当年刚入职的时候,广告部才十几个人,其主要职责也并非对外,而是对内发布和传达各种信息。我的具体工作,就是做公司内部报刊的编辑整理。

入职后约莫一年半吧,某天,我的上司突然把我叫过去,当场宣布了我的人事调动:"我想借这次松下幸之助社长就任会长的机会,去京都重启PHP研究,所以我希望你能跟我一起去。"

这也太出乎意料了!什么是"PHP研究"?上司为什么选中了我?各种疑问从我脑海中飞速掠过。但上司并没有给我太多反应的时间,接着又说:"今天松下会长就会过来面试你。"就这样,很快我便参加了面试。

虽然当时公司规模比现在要小得多,但我一个大学刚毕业的年轻人,和公司创始人这样的大人物进行交谈的机会还是很少的。所以,一开始我很紧张,但同时又很好奇松下会长是个什么样的人。我向他鞠躬之后恭恭敬敬地坐下。

"你就是这次要去 PHP 工作的岩井吗?"

我记得很清楚,他跟我说的第一句话就是这句。

说实话,当时我还没决定要去呢,但我仍然老老实实回答说:"是的,我是岩井。"他又问:"那你大学学的是什么呀?"

我在教育系主修的是心理学,所以我又回答说:"我一直在学习心理学。"

"哦哦,心理学。那你告诉我,心理学到底是个什么样的学问?"

这……该怎么回答呢？我心里一边想着这个问题可不能随随便便解释，一边把能想到的内容字斟句酌地说出来："心理学这门学科，所涵盖的知识十分广泛……"还没等我说完，松下会长紧接着又抛出了另一个我意想不到的问题："不知道你了不了解我啊！我是个连小学都没毕业的人，你要是说得太复杂的话，我可能会听不懂。你可以用一句话来解释心理学吗？"

我本就没有多余的心思去思考别的问题，好不容易想到几句话，结果说了一半又被叫停，现在还让我用一句话来解释这么难的问题。我当时完全接不上话，回答了什么根本就不记得了，只记得有些语无伦次、前言不搭后语。

我这并不是要给自己找借口。当大多数人被要求"用一句话解释自己学到的内容"时，大概都会像我当时一样词穷吧?

除非你真正抓住了这个学科的精髓与本质,否则是很难完美地用一句话来解释一个学科的。而如果解释时"东一榔头,西一棒子",则会导致内容越来越多,最终会让听者觉得似懂非懂。此外,若未能抓住事物的本质,就算勉强用一句话概括出来了,也会失了准头。那个时候,我才意识到,人真的很难用一句话去解释一个没有真正理解的事物。

但是我觉得,松下先生当时也并不是为了考验我才这么问的。他是个喜欢把"素直"㊀这个词挂在嘴边的人,大概是因为听到我说大学里学的是心理学,他才会自然而然、坦率地问出那个问题吧。而我当时也是想尽量做到用一句话去解释心理学。

松下先生的另外一个魅力是善于提问。

㊀ 日语中,"素直"的意思是"坦率"。——译者注

在他眼里,我的年龄可能和他孙子差不多。他就这样用一种温暖的眼神鼓励我说下去,还时不时点点头。

"你家有几口人?你父母还健在吗?"

"哦,对了,你为什么要入职松下电器呢?"

"你在松下电器最想做的是什么?你现在的工作有趣吗?你对未来有期待吗?"

他问了我许多诸如此类的问题,让我慢慢忘记了最初的紧张,心门逐渐打开,觉得他是一个好沟通又有趣的人。对,就从那时候起,我便认为,他拥有一种气场,能让人与之交谈时不扭捏、不造作,能自然而然地吐露真心。

而这,便是我与松下先生的初遇。

那之后,他大概觉得"那小子还可以",这年5月,我便被调到京都,来到了松下先生手下做事。

打扫卫生的重要性

有个学生问:"当领袖和打扫卫生有什么关系?"

对于这个问题,据说松下幸之助是这样回答的:"一屋不扫,何以扫天下?"

因工作变动，我从大阪门真的松下电器本部调到了京都的 PHP 研究所，来到了松下先生身边。

虽说是在京都工作，却并非在闹市区的某幢办公楼里。我工作的地方名为"真真庵"，是一处带庭院的纯日式宅邸，与南禅寺毗邻。

这庭院原本出自明治时代一位著名造园大师的手笔。不过，许是另有缘由，庭院当时荒废已久，松下幸之助买下了它，为它取名"真真庵"。

尽管如今看来，真真庵的每一个角落都得到了精心维护，当真可以算得一步一景。但说起当时的真真庵，却空有一个大大的名头，蛛网遍结，荒草满园，残垣断壁，是个猫狗进来都会迷路的地方。第一天"上班"便看到如此景象，想着从今天起就要在这样的地方工作，心中未免惴惴不安。

而我的新工作，就是在这真真庵中，进行 PHP 研究。

所谓"PHP研究",用一句话来解释,就是研究出某种理念和措施来实现和平、幸福与繁荣。这思路源自松下幸之助。第二次世界大战结束后,日本经济和社会陷入贫困与混乱,目睹了这一切的松下幸之助希望能借助这些理念和措施来唤醒人们的本心,并在社会大众的共同努力下找出通往PHP之路。1946年,松下幸之助创设了PHP研究所,发行了月刊*PHP*,迈出了PHP活动的第一步。该月刊至今仍在发行。

然而,研究所创立之后,松下幸之助便囿于松下电器的经营不得脱身。虽然月刊*PHP*的出版事业一直未曾中断,但其余的PHP研究却不得不暂时搁置。十余年之后,该项目得以重启于真真庵,而我则因为些许机缘,有幸参与其中。到了真真庵之后,松下幸之助和研究人员一起,聚在真真庵那个面朝庭院的榻榻米房间里,以对话的形式一起磋商研讨,正式开始了PHP研究。

真真庵 PHP 研究所最初拥有 11 名成员。当大家都在修整府邸准备开始办公的时候，一位造园师也加入进来，在松下幸之助的指挥下开始修整庭院。他们改变了水流方向，在雪松林下铺上了白沙，庭院瞬间焕然一新。1961 年 8 月 18 日，研究所正式开始办公。

因此，可以说，我的新工作是从大扫除开始的。

松下幸之助说："这里是研究用的道场，我们不能等到弟子们进了道场之后才开始打扫。所以从今天开始，就拜托你们男士打扫庭院吧。"而女士则负责打扫府邸内部。每天早上都要雷打不动地清扫一遍。为了让庭院长出新的苔藓和草坪，我们早上浇水，晚上也浇水，有时中午再浇一遍水。这个庭院太大了，占地面积约为 5000 平方米，所以每天我们大概要花一个小时来做这些事情。就是在那段时间，我知道了，原来落叶是一年四季都会有的。

松下幸之助还曾在他所创立的松下政经塾里就打

扫工作发表过讲话。松下政经塾是一所以培养 21 世纪政治领袖、政治精英为目的而设立的私塾。在开学典礼上，已经 85 岁高龄的松下幸之助对学生们说："学习要靠自己啊！"在松下政经塾，课题的选定、学习方法的选择等都是学生们自主进行、自修自得的。不待上命、主观能动，是松下政经塾的一贯方针。

然而，只有一件事，是松下幸之助要求每个学生都必须做的，那便是打扫卫生。他说："我的要求只有一个，那便是一定要保持卫生。"

有个学生问："当领袖和打扫卫生有什么关系？"

对于这个问题，据说松下幸之助是这样回答的："一屋不扫，何以扫天下？"

政治如是，我们的社会又何尝不是如此呢？

我认为，要想共同建设一个更好的社会，仅靠说大话是不行的。我们只有好好工作，才能在我们身边打造出一个好的职场,而众多好的职场会形成一个好的组织,众多好的组织会组成一个好的社会。一个人做的事,是会像水波一样向周围扩散的。

通过这第一次实践,松下先生让我领悟到打扫卫生的重要性。我感悟到,有一种人生道路,叫作"扫一屋,而后扫天下"。

随机应变

通过近距离地接触松下先生并亲眼见证了他随机应变、迅速响应的能力，我切实地感受到了拥有问题意识、培养丰富的感知力是多么重要。

松下幸之助是个件件有回响、事事有回应、响应十分迅速的人,或者换句话说,他是一个感知力很强的人。

在我看来,松下先生这个人,似乎有些急性子。他讨厌磨磨蹭蹭,无论吃饭还是做任何事情,他速度都是飞快的。即使是工作上的决断,他也能做到速战速决。

刚才谈到了我们在真真庵开始研究PHP。在PHP研究会上,大部分时间我们都是在进行问答。

当然,松下幸之助主要是提问方,他提出的问题比他回答的问题要多得多。有时我们的研究人员也会提出各种各样的问题,但松下幸之助回答时从不会说"这个事情……等一下……我想想……",他都是即问即答,而且回答的内容十分有趣,随机应变能力非常强。

例如,有人问他:"关于松下电器的成功秘诀,坊间有很多的传闻,您自己又是怎么认为的呢?"

他一般都会立刻微笑着回答:"这个嘛,一定是因为我运气好。就好像下雨了我们就要打伞一样,我只是理所当然地做了一些应该做的事情。换句话说,我的秘诀就是经营企业要顺应天地自然的客观规律。"

提问者很意外,没想到会得到这样一个回答,但瞬间就感受到了松下幸之助独特的语言风格。

很多次我都觉得,他简直就像机智的一休。

许多报社和杂志社都会找松下幸之助约稿,这些稿件一般都是由我们这些研究员先采访他,之后再进行整理,这样完成的。尤其是年末,各家公司的新年特刊约稿会蜂拥而至,我们只好汇总起来一次性去采访。每当此时,我总会折服于松下先生的随机应变能力。

我一般会依次问他下面这些问题。

"这次的《读卖新闻》,您想写点什么?"

"《朝日新闻》您准备怎么办?"

"《日经新闻》您打算怎么写?"

"《京都新闻》呢?"

他从来不会说"等一下,我明天再告诉你",而是说:"在《读卖新闻》上,我想写这个。在《朝日新闻》上写这个,在《日经新闻》上写这个,在《京都新闻》上写这个……"

回答一个接一个,仿佛是自动从嘴里蹦出来的一样,让人应接不暇,而且这些内容几乎没有重复的。

我曾思考过他为什么能做到这样,我认为这归功于他那与生俱来的强大感知力和日常生活的积累。松下先生一天到晚脑子不闲着,总是不停地思考各种事情。

他经常自问自答。比如，现在社会正发生着什么？这个事件的本质是什么？事情的走向会是什么样的？怎么做比较好？想过之后，他也许是把想到的内容都存储到大脑的某处了吧。

只有如此，在被采访的时候，他才能根据不同报纸的受众群特征，以迅速回应的姿态，滔滔不绝地逐个提出合适的意见和建议。

通过近距离地接触松下先生并亲眼见证了他随机应变、迅速响应的能力，我切实地感受到了拥有问题意识、培养丰富的感知力是多么重要。

汇聚集体智慧的磁铁

平时勤问好学,久而久之就能集思广益吧!而这,正是松下先生对待人生的态度,同时也是一种能让人提高见识的力量。就像一块磁铁能吸引各种各样的东西一样,这种人生态度以心灵的力量吸引并影响着周围的人,同时拥有这种人生态度的人也得到了成长。终其一生,松下先生都在"不断地学习"。

第 1 章
如何在工作中成长

松下幸之助经常在出差回来后,和我们聊一些出差见闻,其中有一次的见闻让我印象最为深刻。那天,他跟我们聊了各种当地风土人情之后说了一句:"那个人不咋地呀!"松下幸之助很少这么说,所以我记得很清楚。

那到底发生了什么事情呢?原来,松下幸之助那次出差去了一家客户的工厂,在参观了大约 30 分钟之后,本来还有很充裕的时间可以用来交流经验,结果那位社长一直在滔滔不绝地介绍自家工厂,直到最后松下幸之助也没说上几句话。

据说,当时松下幸之助是这么认为的:"面对着一位颇有经验、难得来造访的客人,那位社长缺乏向对方学习的态度。他想到的不是抓紧机会咨询经验、讨教问题,而是不断地介绍自家情况。"他说,虽然宣传自家工厂很重要,但作为一个经营者,时刻保持向对方学习的姿态更为重要。这件事也让我不由得思考,如果我是那个社长,我当时会怎么做呢?

松下幸之助也经常出书。而这些书的初稿都是由我们这些研究人员完成的。

松下幸之助先是苦思良久,想好书稿内容,然后以口述的方式告诉我们。我们就负责组织语言、操刀执笔,把他想要表达的内容付诸笔端。

如此创作出来的初稿,要经过多次研究、讨论、修改,直到他满意为止。这过程实属不易,但松下幸之助却能一直坚持下来。

万般工序结束后,书稿终于出版了。而此时,他便又急着想知道这本书在书店里的反响和读者看过之后的感受。事实上,新书在书店里摆上的第二天,他就开始问:"我的书反响如何?"这才刚过去一天啊,所以我一般会回答:"我还不知道呢!"每次都是这样。新产品发行时也是如此。有时我也会觉得:"好吧,他可真是个急性子!"但更多的时候我认为这正是松下先生的率真之处。

考虑到松下先生的心情，我们也一般会做一些问卷调查，或者去书店逛一逛，向店员打听新书的销售情况，尽快将新书反馈汇报给松下先生。

或许，平时勤问好学，久而久之就能集思广益吧！而这，正是松下先生对待人生的态度，同时也是一种能让人提高见识的力量。就像一块磁铁能吸引各种各样的东西一样，这种人生态度以心灵的力量吸引并影响着周围的人，同时拥有这种人生态度的人也得到了成长。终其一生，松下先生都在"不断地学习"。

像个孩子一样爱问"为什么"，时时擦亮双眼、关注事情的发展走向，这就是松下先生充满活力的日常。他很享受这种氛围，享受对话，乐于倾听他人的意见，并将其作为工作的原动力。每当想起他的那种魅力，都觉得跟这样的人在一起的时光真是快活，又觉得我还需要像他一样，持续不断地学习。

所谓的认真工作

工作这件事,你要认真、积极地对待。不付出真心,你就成不了大器,工作也做不长久。

松下幸之助并不经常骂人。然而,有时他也会劈头盖脸地给人骂出一身冷汗。

正如我前面提到的,我的工作之一是将松下先生的理念汇总、整理并出版。

整理出的稿件,松下先生和我们研究人员会各执一份,围坐在一起,边读边改。在这种时候,松下先生都会全神贯注地听我们读,同时为了将自己的想法更好地表达出来,他还会一遍又一遍地与我们讨论。无论我们发现了什么不妥之处,都可以畅所欲言。因出版社对于我们有截止日期的要求,我们有时候会担心时间进度,但松下先生不会。我脑海中至今仍然经常浮现出他字斟句酌、专心思考、认真校阅的身影。

有一天早上,经常笑眯眯地来研究所工作的松下先生,一脸不高兴地来了。他手里拿着一盒录音带,问:"这是谁的?是谁的?!"我瞄了一眼,发现正是我负责的。

我手头有一部书稿，已经进行了几个月。受出版商的委托，我将它录制到磁带上。

两周前的某天，我请示松下先生："出版商急着要呢，您看，这个磁带可以寄了吗？"当时松下先生可能有些地方还想再斟酌，就回复我说："等几天再说吧！"一听这话，我便明白他这是想再看看，于是我说："好的，我给您放这儿吧！"然后就把磁带交给他了，想着等他得空了能听听看。

那时候，松下先生大约每周有一两天能来 PHP 这边。但我记得我那次请示过之后，松下先生约有两周的时间没有过来。

大概是松下先生无意间听了这个录音带，想起来这是两周之前的事情。他也许奇怪，都过去两周了都没有人提起这件事。这件事最后怎么样了？

我原以为我是按照他的指示暂停办理此事的，应该不会挨骂。哪承想被骂得这么惨！

"这是谁负责的？"

"是我，是我和下属一起做的。"

"你觉得做得怎么样？"

"我认为这份稿件充分表达了所长您的想法，我曾经跟您请示过，是否可以把它寄给出版社。但当时您说等几天再说，所以我就放那儿了。"

对于我的回答，松下先生是这样说的："你呀你！这稿件不是你和下属耗费心力、努力完成的吗？作为负责人，对于一件自己已经十分认可了的工作，怎么能因为我说了一两次不行，你就把它扔到一边不管了呢？！"

对于松下先生的盛怒，有一瞬间，我觉得他有些无理取闹。他自己说要等几天再讨论，我怎么能一意孤行地将磁带寄走呢？

"你是不是我的助理？助理如果不工作，那我的工作也就没法儿继续下去！你知不知道老爷子我今年多大岁数了!说不定明天就死了……"那次,松下先生斥责了我很长时间。

我想,松下先生当时想表达的意思是:"身为助理,你到底为我做了些什么?"仔细回想起来,过去这两周,我确实没有做任何具体的事情。我当时觉得他也许太忙了,所以决定在他下次来的时候,再问一遍。结果一等就是两周,这两周之内我连一通电话都没有给他打过,只是等着。

我的这种态度,在他眼里看来,也许会觉得我没有真正地负起责任,积极地推进此事。

意识到这点的我马上向他道歉,并表示将立即开始修改书稿。结果他却说就这样吧,不用改了。还说,都过去两周了,他早已忘记当时是想修改哪里了。我当时真的觉得十分抱歉。

如果我当时工作得更热情主动一些,也许能写出更符合松下先生意愿的书稿吧!一想到这里,我就更加自责。

我意识到,在松下先生那认真而严厉的表情之下,他真正想告诉我的,也许是这些话:工作这件事,你要认真、积极地对待。不付出真心,你就成不了大器,工作也做不长久。

知识分子的弱点

这世间经常可见这样的例子：有的人头脑聪明，但却往往因此而恃才傲物，待人接物消极被动，最终导致他们的才能被埋没。这可能就是所谓的知识分子的弱点吧，真的很让人扼腕叹息！

在松下电器创业期，松下幸之助曾对下属说过这样的话："如果有人问你松下电器是什么样的公司，你就说，松下电器是一家'先做人、后做事'的公司。"

这句话意味着松下幸之助很早以前就意识到培养人才比研发产品更为重要。那么，松下幸之助到底希望培养什么样的人才呢？

首先，就是所谓的"及时行动的人"，也可以说成是"有用的人"，或是"能敏感地发现商机的人""用心的人"。从人性方面来说，他希望培养的是"诚实的人""没有私心、一心为公的人""有志向的人""有责任感的人"。

更确切地说，我认为，松下先生重视的是员工的"工作热情"和"积极性"。

松下电器曾给员工分发过一份资料，名为《通往积极之路》。该资料于 1941 年 6 月制作完成。那时，松下电器已成立 20 多年，已成长为一家拥有上万名员工的大公司。这在小镇工厂时代是不可想象的。这个时候，就有很多高学历人才蜂拥而至，入职松下电器。

一般人都会认为，公司里来了这么多高水平、高素养的人才（即所谓的知识分子），生意自然会加倍红火吧！但松下幸之助却不是这么想的。他在《通往积极之路》中，阐明了知识分子的弱点和弊病。

"说得极端些，松下电器的许多事情，并不是按照你头脑是否够聪明来决定的。我们主要的考量标准为工作态度是否积极。同时这句话也是至理名言，可将它套用在人生万般事物中。这世间经常可见这样的例子：有的人头脑聪明，但却往往因此而恃才傲物，待人接物消极被动，最终导致他们的才能被埋没。这可能就是所谓的知识分子的弱点吧，真的很让人扼腕叹息！"

松下幸之助本是个积极的人，凡事都爱往好处想，平时不太愿意谈论别人的缺点。但是，也许是在所谓知识分子的人群中，渊博的知识和素养反而产生了消极的影响吧！比如他们会猛烈而冷酷地抨击别人，也会没完没了地为了争论而争论，他们还爱推卸责任，信奉"多一事不如少一事"主义等等。诸此种种，不一而足。

我想，也许松下先生正是认为其恶劣影响不容忽视，才敢于使用"知识分子的弱点"这种否定性的词汇来表达他的态度吧！

当然，松下先生也并不否定"知识分子的优点"。

"所谓积极，也是一种坚韧，一种争取，一种毫不犹豫地参与竞争的态度。镰仓武士靠着'将野性内敛于心'这种韬光养晦的智慧扳倒了貌似聪明的平家。我们在学会优雅、学到智慧的同时，作为松下人，我们更应该时刻保有坚忍不拔的品质。"

换句话说，高知识和高素养就像两把双刃剑，关键在于我们如何使用它。若这些珍贵的东西能正确地、正向地用于践行公司使命、谋求自己和他人幸福，那必将是如虎添翼。

在信息飞速发展的当今社会，脑力劳动在工作中占的比重越来越大。但知识再丰富，每天上班盘腿一坐什么也不干，有多少知识又有什么用呢？我想，松下先生从那时起就在传达这样一个理念：要做一个有冒险精神、能积极进取的人，要做一个坚忍不拔的人。

启迪智慧的公式

智慧＝知识×热情＋经验,这就是启迪智慧的公式。

"如果拿松下幸之助来打比方,你们认为可以把他比作什么?"

有时,我在松下集团研修会上担任讲师的时候,会问学员们这个问题。

学员们不回答。

我又说:"今天就是个研讨,大家可以说点真心话。"结果就出来了一堆"神""释迦牟尼""祖师"等五花八门的答案,还有说"一休禅师""大冈越前守"的,也有说"许愿树"和"哆啦A梦"的。

我再问:"为什么会这么说呢?"学员们纷纷回答,"因为遇到难题,他总会当机立断、妥善处理"或"因为他有智慧"。

确实,在我和松下先生交谈时,气氛总是很融洽,不管聊什么都聊得很起劲儿。我遇到难题与他讨论时,他也会习惯性地先问我"你是怎么认为的",然后再提出自己的看法。而且,他所提出的意见很多时候都一针见血地指出了问题的本质,或是包含了一些我从没想到过的新观点。

我经常感叹,松下先生说得太棒了,也经常感到意外,他居然会从这样的视角考虑问题。但毕竟,松下先生是一个有智慧的人啊!当然,他是凭借层出不穷的新想法创办了松下电器并将它发展壮大的人,不用我说,每个人都承认他有大智慧。

那么这种智慧到底是从哪里来的呢?是天分还是长期努力的结果呢?

对于这个问题,可能大家都有着各种各样的观点,但我想给大家一个最接近答案的提示,就是松下先生在指导销售骨干时提到的"启迪智慧的公式"。

"跟你们说啊,生意不是用知识来做的,而是用智慧来做的。"

"是的,我们明白。"

"那你们明白怎样才能变得有智慧吗?"

"……"

"不知道了吧?还是需要知识!"

"啊?"

"但光有知识是不行的,还要有热情。不过要注意,不是做加法,而是做乘法。"

"哦,原来如此啊!"

"而且还要加上经验。这就是启迪智慧的公式。"

"也就是说,智慧 = 知识 × 热情 + 经验,这就是启迪智慧的公式,对吧?"

"差不多吧!同时经验也很重要。那我再问一个问题:智慧有三种,你们知道吗?"

"这个……不知道啊!"

"就是大经验、中经验和小经验这三种。"

"这,这是……"

"但其实经验本身不大、不中,也不小。"

"啊?"

"这是因为每个人的感知力和敏感度是不同的,因此无论是大经验、中经验,还是小经验,都取决于你自己的感受。因此,你们每个人都应该拥有超出常人一倍的感知力和敏感度。"

"好的,明白了。"

稻盛和夫先生所倡导的"成功方程式"与这个智慧公式有异曲同工之妙。据说,稻盛先生认为,无论是在生活中还是工作中,无论成功与否,其结果都可以用一个关系式来表达:结果=能力 × 热情 × 思维方式。

在这个方程式中,稻盛先生把能力范围值设置为 0～100,热情范围值也设置为 0～100,思维方式范

围值设置为 –100 ～ +100。所以，稻盛先生认为，如果思维方式是消极的，即使能力再高，工作再有热情，其结果终将是负面的。

在谈及思维方式（也即理念）这个话题时，松下幸之助强调"素直"的重要性。

松下幸之助所说的"素直"并不是指简单地接受别人的意见，而是指要思考什么才是正确的，问问自己怎么做才能达到共赢的局面。换言之，他把摒弃自己的私心，摆脱偏见的束缚，在探究事物的本质后再作判断的态度称为"素直"。

要想将知识提高到"智慧"水准，我们必须意识到这点，并努力学习"素直"。

"讨人喜欢"这条不加进去不行

假如一个下属给上司提一些工作上的建议,这个上司的一种态度是"太谢谢了,你的建议很好";另一种态度是"你的这个建议可有可无,没什么了不起的"。这两种态度对于下属的影响肯定是天差地别吧!其实上司的职责就是让下属好好工作,让下属多提更好的建议。

1975年12月,松下幸之助出版了《领导者的条件》一书。这里,我们来谈谈关于这本书的一个插曲。

在《领导者的条件》一书出版了两年左右的时候,我从PHP研究所(即研究总部)调到了专门为松下集团员工和其他公司员工开展培训业务的研修局,去为一个名为"PHP经营研讨会"的项目做准备。

PHP经营研讨会主要是通过视频等视听资料,以亲民且便于理解的方式介绍松下幸之助的人生观和经营哲学。

课程一般为期三天。第一天的主题是"经营理念";第二天的主题是"素直之心";第三天的主题是"人才培养"。

有一天,我和另一位负责策划研讨会的工作人员一起去征求松下先生的意见。

"所长,在第三天的'人才培养'课程中,我想讲讲与培养人才、发挥人才作用有关的内容。但由于时间有限,我就从《领导者的条件》总结的102项条件中,精选了这10项作为讲座重点,您看行吗?"

我一边说,一边把早已准备好的讲义目录递给松下先生,然后开始具体说明。讲义目录里主要是以下10项内容:

树立志向

热爱一切

认识自己

汇集众智

求助他人

下放权力

追求目标

批评与表扬

主动承担责任

向下属学习

看着松下先生一边听一边点头,我本以为他会觉得这十项内容挺不错的,但事实并非如此。

"你呀,忘了一项重要的内容,你知道是什么吗?"

当然,我知道,在松下先生看来,这十项内容之外还有很多东西没有表达出来。但一时间我真没反应过来他说的具体是哪一项。

"不,我不知道。是哪一项呢?"

"是'讨人喜欢'啊,你没把讨人喜欢这一项放进去!"

"哦,是这项啊。"

"你想象一下这个场景。假如一个下属给上司提一些工作上的建议,这个上司的一种态度是'太谢谢了,你的建议很好';另一种态度是'你的这个建议可有可无,没什么了不起的'。这两种态度对于下属的影响肯定是天差地别吧!其实上司的职责就是让下属好好工作,让下属多提更好的建议。当然也有很多自以为是的家伙认为挑毛病是上司该做的事,而不是下属。这样的方式是培养不出一个好下属的。松下电器如今已经发展为大型企业,想来以后越来越多的上司都会像后者那样对待下属吧!所以,在研讨会上,请你问问松下的高管们,他们是不是讨人喜欢的人,他们有没有人格魅力,同时转告他们,作为松下的创始人,我最担心的就是这个。"

松下幸之助晚年也曾在高层研讨会上反复教导学员:

"你了解下属的优点和长处吗?"

"不要枪打出头鸟。"

"要有一颗欣赏的心。"

我还记得他总说:"真正的领导者是尽管拥有 100 个下属,但却总把自己放在第 101 位的人。"

因为有了松下先生的亲自指示,所以每当我负责松下集团的培训时,除了提到上面说的那10项内容之外,我一定会再问下面这个问题:"在公司创始人看过这个课程内容之后,认为我漏掉了一个重要的内容,你们知道是什么吗?"

然后,我补充说:"请在您的笔记本上,好好地写下第11项'讨人喜欢'。这是公司创始人特意交代的。"

受人爱戴

在这次讲座中,我印象最深刻的是,当有人问松下幸之助"对经营者来说最重要的是什么"的时候,他的回答简单明了,就是"被人们喜爱"。

最近,我收到松下电器总部的邀请,让我谈谈创始人松下幸之助的人品和举止。

虽然我希望松下电器能成为一家颇受欢迎的公司,但目前却有些事与愿违。因某些员工的礼仪和谈吐不当,公司收到过投诉信,也接到过投诉电话。针对这种情况,松下电器希望我在讲座中不要将问题局限为部分员工,而要扩大到包括总公司在内的整个松下集团的所有员工身上,在整个集团内营造出努力改善员工礼仪的氛围。

应邀之后,我们决定以"创始人松下幸之助的良苦用心"为主题举办讲座。我不知道 90 分钟能讲多少内容,但这是一个从各方面展示松下幸之助思想和理念的绝佳机会,所以我逐条列出了如下的讲座提纲:

顾客们都喜欢你吗

人性化的待客礼仪

松下幸之助最受喜爱的品性

松下幸之助的服务意识和对待客户的态度

服务意识和用心对待客户是松下电器的传统

松下幸之助谈"松下电器发展壮大的主要原因"

总部就是根据地

对员工的期待与感谢

在介绍环节,我们不仅准备了礼仪知识,考虑到与会者有可能会当面询问具体内容,因此我们又准备了视频和一些纸质资料。一切准备停当,当我真正站上讲台之后,发现这次的讲座内容引起了许多与会者的共鸣。因为我清楚地感觉到,大家的眼睛逐渐开始发出光彩了。

一开始的时候,可以感觉到一些年轻的员工对于这个讲座是不太感兴趣的。不过,随着讲座的推进,这些人在听了松下幸之助的一些逸闻趣事之后,感受到他无处不在的人格魅力,萌生出向他学习的想法。这一点从他们的聆听态度和眼睛里发出的光彩就能看得出来。

讲座结束后，我们做了一些问卷调查，下面是一些与会者的感言：

"在这次讲座中，我印象最深刻的是，当有人问松下幸之助'对经营者来说最重要的是什么'的时候，他的回答简单明了，就是'被人们喜爱'。"

"看到创始人的影像资料之后，他在我心中便有了具体的形象。"

"我听过很多次讲座，但每次听都会有不同的感受。创始人的一言一行都成了我能量的源泉，让我浑身充满了斗志。"

"真希望总能参加这样的讲座，不仅能学到知识和技能，还能学到松下幸之助的理念精髓。"

在那之后，除了松下电器之外，其他公司的人也纷纷来找我，希望我多讲讲松下幸之助。我希望这本介绍松下幸之助的书，也能像那些讲座一样启迪人心，令人难忘。

CHAPTER 2
第 2 章

如何培养下属

能激励下属的提问方式

松下幸之助从不以命令的语气说"你把这个做了",而是说"你能帮我做这个吗"。这样一来,做与不做的决定权就在对方手里了。我觉得这种问话方式特别能激发对方的意志和干劲,就像是一个能激发人的力量的按钮一样。

松下幸之助是个很会说话的人,我认为他的诀窍就在于他特别会"问"。

在从事 PHP 研究的真真庵,研究会一般都会在铺有坐垫的日式房间内举行。松下先生背对着壁龛⊖而坐,我们四五个人排成一列,或讨论,或写稿。这是每次研究会的常态。

我记得松下先生特别喜欢提问。

"昨晚我睡觉前想到这么一件事,你们觉得怎样?"

"我看了报纸,这次台风造成了好几起山崖崩塌,你们怎么看?"

就像这样,每天都向我们发起问题攻势。

一开始,我们每天都像考试一样,非常痛苦。而且因为这是无从准备的考试,所以也曾烦恼过该怎么回答。

⊖ 指传统和室中专门摆放字画、插花等装饰物的专用空间,可作待客之用。——译者注

但是，在这样重复性的一问一答过程中，我渐渐明白了，我们回答问题不必想太多，更不必打官腔。对于松下先生的意见，不管赞成还是反对，只要明确地说出自己的想法即可。而松下先生对于我们的回答也很满意。于是，我们渐渐地便不再拘谨。

这让我领悟到，在推进工作的过程中，看待事物必须有问题意识，解决问题必须有自己的方法。或许，松下先生正是为了唤起我们每个人内心的这种意识才会不断地发问吧！

每天都是在提问中开始，也是在提问中结束。松下先生回去后，为了准备明天的工作，每天还要加班到很晚，非常忙碌。但是我想，能让大家在这种轻松自由的氛围中一边享受对话一边不断交流思想，这才是真正的研究会。

一段时间之后，松下先生还会经常打电话过来。一般都会以"岩井，你还好吗"作为开头，然后再问"工作怎么样",最后又以"你还有什么要说的吗"来结尾。

从电话中我可以感受到,他是想说:"遇到困难的事、重要的事,或者事情发生了什么变化,都可以跟我说。"

而我呢,如果有"希望他知道"或"真的很困扰"的具体事情,我都会报告给他。但当时大多数时候都没有什么特别的事情想说给他听。如今想来,作为所长,松下先生其实还是想多听我汇报一些日常工作的吧!

也就是说,身为所长的松下先生,很关心PHP这边的事情。虽然眼下自己不在PHP,但还是想要知道那边事情的进展情况。比如,活动进行得怎么样了,工作进行得怎么样了,所里的研究人员都有什么感受,你们做事的时候都在想什么,你们有没有感受到工作的意义,人与人之间相处得好不好,你有没有什么想跟我商量的事情,等等。诸此种种想法,都包含在他那一句"你还有什么要说的吗"中了,这句话让我印象特别深刻。他这么做大概也是在告诉我,领导就应该这样做吧!

我也会经常分析,松下先生的人格魅力到底在哪儿,以及他为什么会受到那么多人的仰慕。想来想去,其中的一个要点应该就在于他的语气吧。他与人说话经常采用的是呼吁语气或拜托语气。

他从不以命令的语气说"你把这个做了",而是说"你能帮我做这个吗"。这样一来,做与不做的决定权就在对方手里了。我觉得这种问话方式特别能激发对方的意志和干劲,就像是一个能激发人的力量的按钮一样。这样做不但能培养出优秀的人才,还能收集到大量的一手信息。

这样的行为方式也体现了松下先生谦虚的态度和向下属学习的姿态。当从松下先生的言谈之间以及他所营造的氛围之间感受到这一点的时候,我不禁感叹:"啊,这才是这个人的魅力所在啊!"

鞭其"诚"长

宜以诚心教下,不欲求媚于下而未达其痛处。善则褒美,鞭其"诚"长。

如何培养下属

"松下幸之助是个和善的人还是个严厉的人呢?"

在研讨会和讲座的提问环节中,我经常会遇到这样的问题。我一直都是坦率地回答:"他时而和善,时而严厉。"

然后再补充几句:"我到松下先生身边工作的时候,他已经66岁了,当时他本人经常把'我现在已经很能忍了'这样的话挂在嘴边,也确实很少大发雷霆。在我们年轻人心目中,他确实是一个和善的人。"

然而,比我早入职公司、比我更早在松下先生手下工作过的人,却几乎都有被严厉批评的经历。他们的评价是"老爷子还是挺严厉的"。

但是,他们都是将这段经历当作一件颇为荣耀的事情来讲述给我听的,仿佛他们不是受到了批评,而是被表扬了。也许,他们将这段经历记在心里不曾忘却,是因为感受到了松下先生严厉的责骂背后所传达出来的关爱和期待吧!事实上,在当时的松下电器内部，确实也有这样一种说法：被老爷子批评了，就代表你能够独当一面了。

松下电器在 1945 年发布的内部通告《员工培训注意事项》中有这样一段话：宜以诚心教下，不欲求媚于下而未达其痛处。善则褒美，鞭其"诚"长。

用现代文来解释，就是说指导下属这件事情是很重要的，所以一定要全心全意去做。不要怕伤害下属的面子而应付了事。该说的就得说，该纠正的就得纠正。真心想让下属进步，就必须充满爱心地严格指导。

我觉得关键词就是这个"鞭其'诚'长"，也就是"既严格要求，又充满爱心"。

松下幸之助认为，一个人如果被放任不管是成长不起来的。除了家庭教育和学校教育，员工进了企业，也是需要教育和培训的。要在不同的阶段对员工进行不同的培训，使其具备生存所需的基本素质。而

第 2 章
如何培养下属

松下幸之助自己也很早就意识到这点并一直在实践这个理念。

在培训公司管理层的时候，我有时也会问他们："当你觉得这件事必须批评下属的时候，你能做到严厉地去批评吗？"七成左右的人会回答"很难做到"或者"管教自己家孩子都很难做到严厉批评，指导下属就更难了"。

如果这话让松下先生听到，他可能会说："你这可是爱心不够的表现啊！你的下属和孩子真可怜！"

鞭其"诚"长——这不正是对现在习惯了和善态度的我们的警告吗？

松下幸之助探病

我们在探望病人的时候,到底应该说些什么呢?我们说的话,能否鼓励到那些饱受病痛折磨的人,让他们重新振作起来呢?

说起来有点难以启齿，我年轻时曾患过痔疮。1966年夏天，我的病情严重了，医生说必须做手术。那是我在松下先生手下工作的第五个年头。不得已，我请了几天假，住进了京都市内的一家专科医院。

手术很顺利，只是术后伤口还有些疼，需要静养。一天，我突然接到公司的电话，说所长要来看望我。过了一会儿，松下先生和我的直属上司就来到了病房。

我急忙从床上爬起来。松下先生关切地望着我。

"你感觉怎么样？手术还顺利吧？"

"是的。托您的福，一切顺利。"

"那就好，还疼吗？"

"嗯，不过已经好多了。"

"是吗？看你的脸色不错，应该没事啦！好好静养吧！早日康复啊！"

说着,他把带来的果篮递给我,问:"能吃这些水果吗?"我诚惶诚恐地接过果篮,然后松下先生说:"好了,我先告辞了。"他冲我点点头就回去了。这个过程有五六分钟吧。

这件事发生在公司规模尚小的时候。一个公司的创始人,在百忙之中特意抽出时间看望年轻的我,而且还说了这么多温暖鼓励的话,这对于我来说,真的是一段难忘的回忆。

在培训的过程中,我也总能听到松下电器的员工说起松下先生来探病时的情景,每听一次,我都能感受到松下先生那颗体贴员工的心,脑海中浮现出松下先生激励员工的身影。

其中,松下集团销售骨干中川先生的经历给我留下了深刻的印象。他的故事是下面这样的。

中川先生突然病倒,住进了医院。有一天,松下先生来到病房探望他,亲切地和他交谈。

因其心脏、肾脏、肝脏等脏器都出现了问题,而且还有糖尿病,医生交代他需要长期疗养。中川先生十分担心自己的病情,每天心神不宁的。就在这时,松下先生过来探病并且鼓励了他,让他有了对抗病魔的力量。

根据中川先生的转述,松下先生当时是这么说的。

"你这一病,病得太好了!"

"有了这场病,你就会好好注意自己的身体了!"

"医生的话你不用太放在心上,你才是你自己的主治医师呢!你就把医生当成顾问就行了。"

"我年轻的时候身体也不好,也经常生病。病痛这种东西啊,你越怕它,它越追着你跑。你要是跟它处得像个朋友,它就会远离你,再也不出现在你身边了。"

"你的病一定会治好的,治好了就出院吧。出院之后,别忘了举行个纪念仪式来谢谢它。"

中川先生感慨地说："托他老人家的福，我出院的时间比原计划缩短了一半。另外，关于纪念仪式，我想了很多，最终决定把'晚睡晚起'的坏习惯改掉，开始培养'早睡早起'的习惯。"

我们在探望病人的时候，到底应该说些什么呢？我们说的话，能否鼓励到那些饱受病痛折磨的人，让他们重新振作起来呢？

更进一步说，对于那些因严峻的社会形势、复杂的人际关系而一蹶不振的人，我们会采取怎样的态度，又会怎样帮助他们披荆斩棘、勇敢前行呢？回想起松下先生那温暖的目光，反思着自己的行为，我再次感觉到了身上背负的责任。

"你是家庭经营者吗?"

所谓一家之主,其实就是一个家庭的经营者。作为经营者,就要向家人展示出你的规划和经营方针。你有没有跟你的妻儿说过,你希望五年后、十年后的岩井家是什么样的?为了这个共同的目标,你有没有跟妻儿说过希望得到什么样的帮助呢?

因工作关系,我总有很多机会与松下先生聊天。其中有几件事让我印象比较深刻,觉得很有参考价值。这里,我们介绍其中一件事。

那好像是一次普通的闲聊吧。当时大家聊到了家庭状态。我无意中说了一句:"居家过日子可真是不容易啊。"

松下先生担心地看着我说:"你家怎么啦?"

看到他认真的表情,我慌了神。

我回答说:"没有,没什么,我家现在挺好的。只是偶尔会觉得和我希望的有些不一样罢了。"

他又接着问:"你有妻子吗?"

"有的。"

"孩子呢?"

"也有。"

"那你就是一家之主了？"

"是的。"

"所谓一家之主，其实就是一个家庭的经营者。作为经营者，就要向家人展示出你的规划和经营方针。你有没有跟你的妻儿说过，你希望五年后、十年后的岩井家是什么样的？为了这个共同的目标，你有没有跟妻儿说过希望得到什么样的帮助呢？"

我一时之间无法回答。因为那时候的我，压根就没有"家庭经营者"或"家庭经营体"的概念。每天忙于工作，从未认真考虑过身为一家之主，应当担负起什么样的责任，应当起到什么样的作用。我觉得只要家庭和谐，其他的就不用想太多了。

但我又必须回答他的问话，我已经记不太清当时说什么了，大概是说："没有，我没跟他们说过这些，原来家庭生活也需要有经营意识，不能当甩手掌柜呀！"

当时,我又一次意识到,所长是真的很喜欢"经营"这个词啊!

身为企业的经营者,他每时每刻都在思考如何"经营",在长期实践过程中也积累了不少经验。或许在不知不觉中,他已经养成了将万事万物都作为经营对象来看待的习惯吧!人生如是,家庭如是,政治如是,经济也如是。这难道不是一种能让我们获得更好的生活体验的智慧吗?

但如果你要问我那次谈话之后我在家里的言行有没有发生变化的话,说句实话,我家的日常琐事几乎都是妻子在打理,我在家依然发挥不了什么作用。我原打算在家里有大事需要拿主意的时候我再出场的,但这种事也没办法说得那么清楚。所以还真不能很有底气地说我发生了多大的转变。

但我确实将松下先生说的"家庭也需要经营"这句话放在心上了,经常反省自己,家里的事情我也经常发表意见。

我至今仍很怀念、很感激松下先生。我这个年轻下属随口说的一句话,他并没有视为耳边风,而是关心地询问这句话背后的隐情,指导下属如何积极地经营自己的人生。

关于自己的工作、家庭,乃至人生,你又是怎么想的呢?你是否也拥有经营意识,每天都沿着自己的既定目标坚定地前行呢?

当你有了烦恼,你身边是否有可以提供咨询或指导的人呢?在上司、下属面前,你又是否为了当一个好顾问、好帮手而努力过呢?虽然回忆起来都是些微不足道的事,但是我们从中可以学到很多很多。

灯下黑

松下电器的员工并不是都读过这篇文章,也没有都去践行文章中的理念。这种事情,当局者迷,旁观者清嘛。日本有句谚语叫"灯下黑",所以再伟大的人也都会有人反对。不就是这么回事吗?

每次在介绍松下幸之助的经营理念时,我都尽量先播放一些影像资料。因为我觉得学员们在看到松下幸之助的形象、聆听他的声音之后,亲切感会倍增,理解讲座内容也更加方便。

使用什么样的影像资料则需要根据当时的讲座对象来决定。我们常用的资料是《YPO答疑》,尤其是在给松下集团的职员做培训的时候。1983年,时年88岁的松下幸之助出席了一场开幕式,演讲结束后许多外国经营者纷纷提问,他一一做了回答。《YPO答疑》就是根据其中的部分问答编辑制作而成的。

晚年的松下幸之助因声带疼痛,已无法清晰地发出声音。以前松下幸之助很乐意接受其他公司的邀请去演讲,但年过80岁之后,所有邀约都以无法发声为由拒绝了。所以,以88岁高龄去其他公司参加演讲,对于当时的松下幸之助来说是件很困难的事情。当时世界青年总裁组织(Young Presidents'

Organization，YPO）想要邀请全世界的年轻总裁前来开办一个"国际总裁大学"，他们殷切希望有着日本"经营之神"美誉的松下幸之助能作为开场嘉宾在开幕式上演讲。盛情难却，松下幸之助就决定出席了。

在YPO开幕式上，松下幸之助首先介绍了自著书《思考人类：新人类观的提倡》里的一篇文章。他说："人类为什么要发动战争？为什么要扰乱和平？为什么想要追求繁荣却反而陷入了贫困？思虑良久之后，我将我想到的结论写进了10年前发表的这篇短文中。"

随后，松下幸之助从自己的身世讲起，回忆了他所经历过的战争和企业曾经出现过的种种危机，也介绍了PHP的具体内容。这些内容讲完之后他说："今天，我的演讲时间是一个半小时，前45分钟的内容已经讲完了，接下来的45分钟，我将接受大家的提问。"

那次大会不愧是国际性会议,而且与会者都是全世界的年轻总裁,因此大家都踊跃参与。一位总裁率先站起来发问:"您一开始宣读的人性观倡议书里的相关内容,有没有在松下电器实践过呢?"

通过翻译员的转述,松下幸之助听清了提问内容。再次确认了一遍之后,他缓慢而清楚地回答道:"松下电器的员工并不是都读过这篇文章,也没有都去践行文章中的理念。这种事情,当局者迷,旁观者清嘛。日本有句谚语叫'灯下黑',所以再伟大的人也都会有人反对。不就是这么回事吗?"

此话一出,不仅是日本人,就连通过同声传译听懂了的外国人也哄堂大笑,一齐鼓起掌来。那掌声、喝彩声经久不息。

为什么要鼓掌呢?大概是因为大家都有同感吧!可能有的人觉得:"尊贵如经营之神的松下幸之助,也有不被下属所理解的时候啊!这不跟我一样嘛!"

或者有的人认为:"这个人不装样子,说的都是大实话。"大家都感动于他直率的回答,或者因他的回答太出乎意料,所以感觉很幽默,于是鼓掌叫好。总之会场一片沸腾。

之后,松下幸之助又补充道:"但是啊,耶稣先生也好,释迦牟尼先生也罢,你看他们死后一个世纪,基督教和佛教才被大众所接受并流传开来。所以道理都是一样的。但我的理念恐怕不需要一个世纪,应该会快一点。因为,我的理念比他们的都要小。"

此言一出,会场又沸腾起来了。

答疑环节就在这样一种你来我往的欢乐气氛中展开了。在场听众应该都觉得不虚此行吧!同时,所有人也都重新认识了松下幸之助的经营哲学中所倡导的人类观。

会后,我们从中挑选了5个问答,编辑进了《YPO答疑》这个影像资料中,时长大约10分钟。播放结束后,我一般会问前来培训的学员"听了松下幸之助关于'灯下黑'的发言之后有什么感想",有时我也会说:"做培训、教导人是很重要,但其实也很难。你看,就连松下电器的创始人也是这样说的。"通过这样的课前导入,我向各位学员提出要求,希望他们不要懈怠,为了不成为"灯下黑"而每日自省,积极地推进每天的工作。

"把工资还给我"

"把工资还给我"这句话听起来确实很严厉,但每次想到这段逸事,我都会再一次感受到这句话背后所蕴含的深意。那里面其实饱含了松下幸之助对下属的巨大期待和对事业的认真思考啊!

如果老板对你说:"你的工作能力还不够,把支付给你的工资还给我吧!"你会怎么想?

松下幸之助真的说过这样的话。

1937年,上田八郎先生入职了松下电器的干电池营业部,在他的一段讲话录像中介绍了这一逸事。当时的公司总负责人松下幸之助当着众人的面,狠狠地训斥了企划部负责人。下面我以上田先生的口吻叙述一下当时的事情。

有一天,松下电器的干电池营业部发生了一件事。

当时,营业部长和其他部门的年轻员工都在一个大房间里工作。这时,松下社长突然走了过来,来到企划课长M的身边。M课长慌忙起身让座。社长面带着一如既往的温柔笑容坐在了M课长刚才坐的位置上。社长拿起放在桌上的自行车灯,一边啪啪啪地按车灯开关,一边问:"这开关,你们现在还在用吗?"

"是的,现在用的还是这个。"

这时,原本笑容满面的松下社长忽然变了脸色,大发雷霆,整个房间里都回荡着他的呵斥声。

M课长自不必说了,在场的所有人都低下了头,诚惶诚恐。当时还是新员工的我⊖哪见过这种情景,惊慌失措地缩着身子,竖起耳朵听着松下社长的训斥。

"你呀你!这个开关还是我开发的!你做什么了?"

M课长低着头沉默不语,一动不敢动。

"你什么都没做吗?!"他说着就从椅子上站起来伸出手说:"还给我!还给我!"

我还在想他要M课长还什么呢,结果竟然是工资!在场的人都十分惊讶。

以前我加班的时候,松下社长都会毫无架子地跟

⊖ 指上田先生。

我打招呼。公司里就连新员工都很喜欢他，觉得他和蔼可亲。当时我根本无法将这个怒发冲冠的人和平日里的社长联系到一起，这样的社长太可怕了。

过了一会儿，骂声终于告一段落了。"行了，就这样吧。我一直以为，你要是干就一定能给我干好。我现在也是这么想的。"留下这么一句话，他就走了。

我觉得松下社长说的最后一句话是有深意的。尽管他那如雷鸣般大声呵斥的样子简直就像阎罗，但是最后说"你要是干就一定能给我干好"这句话的时候，声调却很平静，表情也很柔和，看起来就像慈悲的佛祖。我惊讶于社长变脸速度之快的同时，也暗自佩服他的说教方式。他没有一直训斥下去，而是给下属留了点面子，让下属觉得自己以前确实做得不好，同时还有了从现在开始好好努力的动力。事实上，M课长及所有当时在场的员工在那次斥责之后的表现也确实很出色。

以上就是上田先生的话。

松下幸之助当时到底为什么要发这么大的火呢？在这种情况下，确实有的上司会跟下属说："这是我辛辛苦苦开发出来的那个开关吗？你们现在还在用啊？谢谢你们这么看重我的劳动成果。"

但松下幸之助不会。我猜测，他可能是觉得"这种零件更新换代速度这么快，你们却还在用 10 年前的，实在是太不像话了"，所以才会发火吧。进一步说，他大概是觉得负责开发的人必须是个有想法的人吧！不能总是因循守旧，没有创意。

另外，在当时的场景中，M 课长的心里可能也有这样的想法："正因为开关是公司老板自己开发的，所以才更应该重视啊！所以才没有改变啊！"但是，如果松下幸之助真的听到这样的话，肯定会大喝一声："这种顾虑完全是多余的。每天不断地推出新产品，赢得顾客的喜爱，提高人们的生活水平，这不正

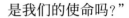

是我们的使命吗?"

"把工资还给我"这句话听起来确实很严厉,但每次想到这段逸事,我都会再一次感受到这句话背后所蕴含的深意。那里面其实饱含了松下幸之助对下属的巨大期待和对事业的认真思考啊!

谁提问谁升职

举手之前，一定要想好怎么问才行，另外，还需要一点点勇气。否则，当我询问大家意见的时候，大家就无法把这视为一个千载难逢的好机会，也无法当机立断地举手发言了。一个人如果能做到这两点，你说我不提拔他还能提拔谁呢！

第 2 章 如何培养下属

我在演讲或培训的时候,会尽可能地鼓励学员提问。但有时越是人数较多的会场,想要提问的人却越少。

一般这种时候,我就会讲一段我和松下幸之助的往事来鼓励大家发言。那段往事是这样的。

有一天,松下先生对我说:"从创业到现在,我跟员工说的话恐怕都数不清了吧?"

"是啊。我也经常听以前跟所长一起工作过的松下电器的老员工们这么说。他们还说您说完之后经常点名问某个人'刚才我说的话你听到了吧?有没有什么意见'之类的。听您说话的时候,他们连打盹儿都不敢呢!"

"只要有时间,我就想多听听大家的意见,我多问,也是尽量给大家多增加一些交流的机会。"

"在这一点上,不管是以前还是现在,您一直没变呢!"

"是啊,不过这种时候,我是要记住举手发言的员工的名字的。"

"记名字干什么呢?"

"给他升职啊!"

"啊?举手提问就能升职吗?"

我心想,举个手就能升职,这大概是开玩笑吧!但接着往下聊我才发现,松下先生的答案真是出人意料。

"你知道我很忙的!但无论多忙,身为领导者,我都会公开谈论任何我认为重要的事情。每当谈完事情之后,我都会特意问问大家的意见。大家都知道我的时间宝贵,那我就是想看看这么宝贵的交流机会,到底有没有人能够抓得住。"

"哦,原来您是这样想的啊!"

"当然,举手之前,一定要想好怎么问才行,另外，还需要一点点勇气。否则，当我询问大家意见的时候，大家就无法把这视为一个千载难逢的好机会，也无法当机立断地举手发言了。一个人如果能做到这两点，你说我不提拔他还能提拔谁呢！"

听完这段话，我惊讶于松下先生想法的同时也恍然大悟。原来，那位一直笑眯眯地问着员工有没有什么意见的松下幸之助，重视的不仅仅是平日里和员工的交流，灿烂的笑容背后是一双严肃思考、严格审视的眼睛。他是在观察员工的反应，并从中挑选合适的干部候选人啊！

每次讲完这段故事，我都会对学员们补充一句："当然，在今天这个会场，大家提不提问都和升职没有关系啊！"然后继续进行培训。

日本人本来就不擅长在会议上提问，也不擅长表达自己的想法。

但是，正如"国际标准"这个词越来越频繁地出现在人们日常工作生活中一样，现在不仅在国际场合，就连在日本普通职场，人们也需要明确表述自己的观点。

每次想起和松下先生的这段故事，我都会再次感叹，我们在明确表达自己意见的同时，也要鼓励对方发言，并给予充分的评价。

CHAPTER 3
第 3 章

如何发展壮大公司

铭刻于心的信件

我发现这两位著名企业家有着一个心灵契合点,那就是善于从日常工作生活的一件件小事中看到可取之处,而且从不浪费机会,迅速行动,积极地将可取之处活用于管理中。这件事让我看到了著名企业家的管理艺术。

在松下幸之助的晚年，每个月都会举办一次"经营研究会"，将松下集团的经营骨干聚集一堂，交流管理心得。

在 1979 年 5 月的经营研究会上，松下幸之助介绍了他与时任伊藤洋华堂社长伊藤雅俊的三封信。

当时，松下电器在札幌的松坂屋百货公司开了一家展示厅。但后来因松坂屋要和伊藤洋华堂合作，所以松下电器决定把展示厅从松坂屋搬出去，另寻他处。

交房之前，展示厅负责人修理了展厅房间的破损部位，重新粉刷了墙壁，将房间清扫得干干净净，以便下一家入驻商使用。看到干净整洁的房间，伊藤洋华堂前来负责交接的人感动得无以复加，于是向伊藤社长汇报了交接的情况。听完报告后，伊藤社长立即提笔写信给松下幸之助，表达自己深受感动的心情，信中说："这体现了松下电器良好的公司风貌，这是您平时细致入微地进行员工管理的结果啊！"

在那次经营研究会上，松下幸之助首先介绍了伊藤社长的来信。接着，又诵读了自己对伊藤社长的回信。

"我们松下电器始终重视培养员工的服务意识，但我也一直很担心这一意识没有落实到每位员工身上。这次从您那里得知我们的一线销售员工有这样的表现，我心里着实很高兴。"松下幸之助坦诚地表达了自己对这件事的看法。

"但是，这么一件小事，却能这么快地传入日理万机的您的耳中，说明贵公司内部沟通机制十分畅通。我深感这优秀的沟通机制正是贵公司的立身之本啊。我想将您写给我的信作为宝贵的学习教材给我们公司的社长们、经营骨干们传阅。"整封信表达的大约都是这样的意思。

这封信密密麻麻的，足足写了七张信纸。倾听着这篇饱含真情实感的回信，在场的所有人都被松下深深折服了。

不仅如此，松下幸之助又介绍了伊藤社长对于他的这封回信的反应。伊藤社长看到这封回信后十分感动，立即以"学习经商的原点"为题在公司内部报刊中发表文章介绍事情经过，同时从松下幸之助的回信中总结出 10 条原则制作成小册子，取名为《经商原点 10 原则》，并将这本小册子作为员工培养方针分发给了公司的骨干们。最后，伊藤社长如实将这些事情写进回信，和小册子一起寄给了松下幸之助。

当我听到这两位著名企业家之间的这段故事时，内心是十分感动的。我发现这两位著名企业家有着一个心灵契合点，那就是善于从日常工作生活的一件件小事中看到可取之处，而且从不浪费机会，迅速行动，积极地将可取之处活用于管理中。这件事让我看到了著名企业家的管理艺术。

所谓"商人"

无论将来公司如何发展,也不要忘记一个商人的初心。

第一,要明白经商的意义所在。

第二,要读懂对方的心。

第三,就是比对方更能降低身段。

明白了这三点,生意就好做了。

PHP 研究始于 1977 年的那次 PHP 研讨会。

一开始,我们将与会人员定位为松下集团的骨干们,但从第二年开始,由于希望参会的人越来越多,我们就开始制作"经商之道"课程,以便其他人员学习。

我记得我当时问过松下先生这样一句话:"在松下电器成立股份公司的时候,您在公司内部规定中写过'无论将来公司如何发展,也不要忘记一个商人的初心'。您如今对于这句话有什么新的看法吗?到底什么才是商人呢?所谓的经商之道要以什么样的一颗心去践行呢?"

对于我的问题,我记得松下先生回复得既快速又明确:"这个嘛,有三点比较重要。"

接着,他又说了这样一句让我似懂非懂的话:"第一,要明白经商的意义所在。"

听他这么说,我想起了他经常挂在嘴边的另一句话:"如果你不会做生意,就去看看你家附近那些口碑好的商人。卖鱼的大叔也行,卖蔬菜的大娘也行,夜市卖乌冬面的也行。优秀的商人比比皆是。这就是经商的意义。"

我觉得,他想说的就是把"让客人高兴、对客人有帮助"视为自己的使命和人生价值,用心、高效地用自己的方式努力地践行它。在践行这个使命和价值的同时还能保持收支平衡,这就是经商之道,是经商的原点,与店大店小无关。买卖一旦变大,这种意识就会变得淡薄,但无论如何,还是要沿着这个方向前进。

"第二点是什么呢?"

"第二,要读懂对方的心。这一点,政治家和教育家也能做到。但能闻一知十的才是商人。"

然后,松下先生和我提起了他常去的那家茶具店的老板。

"那时候我想做个茶话会,那个茶具店老板听说了之后制订了个计划,给我送了过来。这个事儿告一段落之后,他又会因为别的事儿给我提建议'老板,您看这样行不行',而且他提的建议大多数时候都很符合我的心意。那为什么他能做到这点呢?因为,他读懂了我的心,他才是一流的商人。"

"那第三点是什么呢?"

"第三,就是比对方更能降低身段。所谓商人,就是为顾客服务的,所以不降低身段是做不成真正的生意的。"

松下先生想要说的是,重要的是要常以感恩之心对待顾客,诚实而努力地做生意。

"明白了这三点,生意就好做了。"

只要做好这些,就一定能得到顾客的喜欢,也一定能赚到钱。然后拿出适当的利润去缴纳税金,再一点点地存钱，去做更大的生意。或许能做到这一点的，才是专业的商人吧。

现在，我在演讲和研修会上，时常会提到这一点。每当我想起这些，脑海中都会浮现当时松下先生谆谆教诲的情景。

睡不着的理由

正因为这份责任感,他才希望做到最好,而当这个愿望无法实现的时候,那喷涌而出的焦躁和郁闷,则是多少药和酒都控制不了的。

第 3 章
如何发展壮大公司

如前所述，松下幸之助的晚年时间比较充裕，所以每月都召集松下集团的干部员工举办"经营研究会"，有时也直接对管理层进行培训。

按照惯例，出席会议的人一大早就会聚集到总公司，在那里度过一个小时的茶歇时间，在这段时间大家可以自由交谈，然后进入讲堂听演讲。每当松下幸之助来到茶歇间，马上就会有很多人围上来，或者向他打招呼，或者向他做报告。总之他所到之处经常都是热热闹闹的。

但是有一天的茶歇时间，我却发现他的周围一个人都没有。我觉得这气氛有些奇怪，想着既然谁都不去，那我去吧。我走到他坐的椅子前，弯下腰打招呼，竟然闻到了一阵酒气。这样的事情完全是第一次。我有些不知所措，打完招呼就离开了。

那天，松下幸之助的培训是这样开头的："我平时就有失眠症，昨天晚上也是怎么都睡不着，喝了安眠药也睡不着。没办法,只好喝了一小杯威士忌,结果还是睡不着,我又喝了两三杯,喝到第十杯的时候终于睡着了。托威士忌的福,脑袋迷迷糊糊的,直到现在才恢复正常。"他说完之后,会场一片哗然。

睡不着的原因,有愤愤不平,也有不满。关于政治,关于社会,关于企业,他说他想了很多很多。"为什么这家伙就是不懂?""这到底是怎么了?"结果越想情绪越激动,越激动就越睡不着,一杯接一杯地喝,不知不觉就喝了十杯。

他之后说的话,也让我印象特别深刻。

"我想着睡不着就看看电视呗,就把电视打开了。电视里播放的是《有趣夫妇:呗子与启助》这档节目。我当时就是有一搭没一搭地看着,直到节目中出现了83岁高龄的老相声大师和他59岁的夫人。据说这位相声大师10年前失去了工作,靠妻子弹三弦琴养活。老相声大师说,这场节目可以算作自己隐退前最后一次公演了。最后三分钟左右的时候，老相声大师跳起了舞，跳着跳着就哭了。看到这里，我想到老相声大师都83岁了，大概与我同岁，我也不禁跟着热泪盈眶。"

"与他相比，我还算幸运的。虽然表面上隐退了，但实际上并非如此。现在大家还比较依赖我，我的工作也很多。与他比起来，我又有什么事情想不通以至于夜不能寐呢？我这也太贪心了！想到这里，我深深地感到，我必须怀有更多的感恩之心和报恩之念。"

"这么一想，今天，我看着大家的脸就像看到了佛像一样。我不知道今后能不能继续保持一颗只看到大家优点的心，如果不能的话，希望大家能提醒我。要是看到我一脸生气的样子，你们记得跟我说'可不能这样啊，你得感恩啊'！"

我坐在会场上听着他说的这些话，感受到松下先生内心深处深深的苦恼，也感受到他对自己艰苦创业并一手引领发展的企业所肩负的非同寻常的责任感。正因为这份责任感,他才希望做到最好,而当这个愿望无法实现的时候,那喷涌而出的焦躁和郁闷,则是多少药和酒都控制不了的。

说到这里,我又想起大约两年前松下先生在 PHP 研究会上经常说的两句话:"我最近总也无法保持那颗素直之心了。""你们把保持素直的秘诀给我归纳个百十来条吧!"如今想来,我深深地感觉到当时这些话都是松下先生的真情流露,是源自心灵的呐喊啊!

血 尿

要想成为一个合格的商人,你就得舍得吃苦,哪怕累到尿血!这点你一定要记住。

在 PHP 举办的研修班中，我们经常用松下幸之助训斥员工的案例做教材。而在松下幸之助的指导和斥责中时常会出现"血"这个字眼。

"好吧！就按你说的，我等三个月吧！可要是三个月后，你说的具有划时代意义的新产品还没有开发出来怎么办？到时候就解雇你，行不行？你知道吗？这解雇可是流血的教训！"第二次世界大战后，洗衣机作为松下电器的主力产品，开发进程却较为缓慢。在相关负责人会议上，松下幸之助就对负责生产的经理说了上面的话。听到这句严厉的话，现场顿时鸦雀无声。（后来听说两人争论的新产品在规定期限内顺利地面世了。）

"你知道吗？所谓'赤字'，就是指血从身体里流了出来。你要是不马上止血，那是会死人的！"

这句话是对事业部长谷井昭雄㊀说的。当时，在

㊀ 谷井昭雄先生，后升任社长。

录像机市场前景广阔的大背景下，本该干出一番成绩的他，其负责的事业部却多年来一直处于亏损状态。谷井自己回忆道："正是松下先生的当头棒喝，让我下定决心，制订出根本性的整改计划。"

松下幸之助用激烈的言辞鞭策、激励下属的事例，绝对不在少数。不仅是对下属，他有时对重要的客户也很严厉。例如，热海会谈中关于"尿血"的对话。

热海会谈是指从 1964 年 7 月 9 日开始，在热海酒店召开的为期三天的全国销售公司经理以及代理店店长的恳谈会。此时的松下电器，经营状况可谓不佳。松下幸之助敏锐地察觉到了企业效益在下滑，于是召集了销售公司经理和代理店店长到热海酒店进行讨论。在会议中，某代理店店长提出了这样的问题："我们店 30 多年来只代理松下电器的产品，而且一直按照你们的方针经营，现在业绩出现了赤字，这个责任难道不应该在你们身上吗？"

可以说，其中的一部分责任确实是在松下电器的。但当时松下幸之助是这样回答的："那你告诉我，迄今为止，你们又有几次累到尿血？当然，我并不是说，我现在也是这种状态。我只是想起了我当学徒的时候，我们店老板经常跟我说，'幸吉⊖啊，要想成为一个合格的商人，你就得舍得吃苦，哪怕累到尿血！这点你一定要记住。'你刚才跟我说了那么多松下电器的不好，那你自己呢？又有几次累到那种状态了？"

那到底什么是尿血呢？恐怕是由于极度的疲劳和压力导致身体异常而出现血尿的状态吧！换句话说就是积劳成疾。面对着全国这么多的代理店店长，松下幸之助就这么反问到他们哑口无言。

据说当时提问的店长听完后默默地坐回了座位。虽然在众人面前被羞辱，他觉得生气，但据说他当时

⊖ 幸吉，松下幸之助学徒时代其他人对他的称呼。

也觉得松下幸之助的话不无道理。

1955～1964年，电器行业一路看涨，产品十分畅销，曾一度进入卖方市场。而让这位店长反省的是，在这种成绩下，他是否忘记了和各销售门店团结一心、竭尽全力的初心呢？在热海会谈之后，这位店长一改之前的态度，开始精心地打理代理店的生意，最后取得了骄人的业绩。

像"解雇可是流血的教训""所谓'赤字'，就是指血从身体里流了出来"或"你们又有几次累到尿血"这样的言辞，听起来虽然特别极端、特别夸张，但是正如字面所表达的意思一样，对于冒着生命危险工作的松下幸之助来说，却是发自肺腑的直率之言。我认为，要想在严峻的形势下事有所成，这种思想才是最基本、最重要的。

一个领导者的解读方式

身为领导者,如果你自己一开始就没了底气,那你下面的人怎么办?如果你真的觉得自己不适合这个职位。那你赶紧从这个位子上下来吧!

松下先生的著作《领导者的条件》的第一版出版于 1975 年 12 月。在整理出版这本书的过程中，我曾被严厉地批评过。

松下先生希望学习古今中外优秀领导者的言行。我根据松下先生的意愿，收集了这些领导者的事例，总结出 102 条领导观。而我们 PHP 的研究员则负责收集和总结资料，并和松下先生一起讨论书稿内容。那时，松下先生的身体状况还不错。

和其他书一样，每次研究会上他都要反复校对这本书的书稿。一遍又一遍地读着同样的书稿，不知不觉间我们研究员也都开始自发地讨论起这本书的内容了。书稿中的那一条条内容，感觉就像是在问我们自己一样。松下先生感叹说："这里面的每一条都没有被删下去的理由啊！虽然论起篇幅来多多少少会有些厚，但一个都不能删。因为每个领导者都不一样。"在这样的讨论过程中，我觉得当领导者可真不容易啊。真的存在那种能完美做到这些要点的领导者吗？至少我觉得我自己做不到。

有一天，仍然是在讨论《领导者的条件》的研究会上，也是在书稿差不多快要校阅完的时候。松下先生突然问我："岩井，你对这个内容有什么看法？"

我连思考的时间都没有，就把真心话如实说了出来："所长，通过这些天我们从各种不同角度反复地学习领导者的心得，探讨领导者应该肩负的责任，我觉得，当领导者真的太辛苦了。书稿中的很多条目，我觉得我都做不到，所以我觉得我不是当领导者的材料。"

听到我这么说，一直笑眯眯地研究书稿的松下先生，一下子绷起了脸，一改刚才盘着腿的舒服坐姿，坐直身子，对着我说："你刚才说什么？你再说一遍看看。"

"好的。我是说，当领导者需要很多很严格的条件。如果不合格就不能当领导者的话，说实话，我觉得我不具备当领导者的能力……"

话没说完，松下先生就暴怒了："你说的都是些什么啊！我也没说让你全部做到啊！但你现在是这个研究部的负责人，是身居高位的领导！对于这本书，身为领导者你就得有领导者的解读方式！如果这一条你现在只能得30分，那你就得想想怎么才能得50分？如果这一条你得了50分，你又得想想怎样才能得60分。你得这样积极地去解读它！身为领导者，如果你自己一开始就没了底气，那你下面的人怎么办？如果你真的觉得自己不适合这个职位。那你赶紧从这个位子上下来吧！"

后来是怎么挨骂的，我已经不太记得了。总之，针对我的发言，他用严厉的口吻对我进行了长篇大论的教导，教导我如何做领导。

松下先生平日里是个非常和善的人，只是一旦觉得事态不对，他就会立马严肃起来。特别是身居高位的人出现了消极的态度或说错了话的时候，他会严厉地加以批评。我当时的发言也给人一种消极的感觉，或者说是负面情绪，让人感觉像要逃避。至今，一旦提起这件事，当时的同事们都会说："那次岩井先生可是被骂惨了！"

尽管如此，因为松下先生独特的表达方式，"身为领导者你就得有领导者的解读方式"这句严肃的话，便一直深深地烙印在我的心上了。

"你去把抹布拿来"

今天来的客人中,也许有人会穿木屐来。把水洼擦掉后,即使脱了鞋也可以在上面走了。

我经常有机会以"松下幸之助与顾客至上"为主题进行演讲或培训。

如今,"让顾客满意"这个词已经很常见了。"顾客至上""客户第一"已成为超越国家、超越时代的服务理念。松下幸之助终其一生,都在殚精竭虑地思考如何重视客户、如何细致入微地对待客户。

例如在 PHP 研究所把真真庵作为活动场所来招待客户的那段时间。

那段时间,为了接待客人,在客人来之前,真真庵经常事先往草坪上、地面上洒些水。一般洒水是为了抑尘纳凉,但真真庵洒水则不同。因为真真庵的绿植和苔藓特别多,所以浇水后,各处都绿意盎然,更能营造出欢迎客人的气氛。

一天,也是因为有客人要来,所以我们从早上开始就对宅邸内外进行了细致的清扫。我们年轻的男性研究员负责捡落叶、扫白沙和给青苔、草坪浇水。这些事情结束后,我便开始着手准备当天的其他工作。

过了一会儿,松下先生对大家说:"客人还有三十分钟到,差不多该浇水了。"于是我们又各自放下手中的工作,把大门内外、通往宅邸的小路、院子里的盆栽和客厅周围又洒了一遍水。

当我正在用长水管给房间周围的苔藓和碎石子浇水的时候,松下先生走过来说:"岩井,怎么回事?这块踏脚石上有水洼!"

从客厅到院子的脱鞋处,有一块很大的踏脚石,上面凹凸不平的地方积着一层薄薄的水。

"好的,我知道了。"说着,我慌忙拿起一旁的竹扫帚,想把水洼扫干净。

松下先生好像想到了什么,说:"你去拿块抹布来。"

"啊?抹布吗?"我一头雾水地跑去拿过来,不知该拿抹布做什么的时候，他微笑着催促我："你用它把水吸干就好了。"

我按照他说的那样擦去踏脚石上的水洼，水洼果然不见了，而且整块石头湿润，还泛着光。

"今天来的客人中，也许有人会穿木屐来。把水洼擦掉后，即使脱了鞋也可以在上面走了。"

松下先生说完就走进了里面。

就是这么一件小事。但问题在于我根本就没有想到会有穿着木屐来的客人，更别说想到用抹布去擦踏脚石上的水洼了。但他说完之后我才发现的确如此。"松下先生为什么连这种事都能注意到呢？我和他相比还是有相当大的差距啊。"

松下先生就是这样一个心系顾客、注意细节、无微不至的人。如果松下集团的员工因待客不周受到了批评，那多半是因为他们只是嘴上说以顾客为重，但实际却并没做到。

为什么不能像松下先生那样用心地接待客户呢？是没有实践经验？还是知识储备不足？又或是培训不到位？当然这些问题可能都有。但要想获得顾客的喜爱和信赖，最重要的却是凡事都能站在顾客的立场上去感知、去考虑。

从松下先生迎接客人的这件小事中，我再次体会到：如果能以真挚的态度真诚地为对方着想，就能弥补知识的不足，获得很多新的智慧，也能将现有的知识运用到实践中。

"你没看到那个快要掉下来的广告牌吗？！"

诚然，对于直接交办给我们的工作，我们每个人都有责任把它做好。但作为公司的一员，我认为我们还需关心如何提高公司的整体业绩，并尽可能地为达成这一目标而加强合作。

当每个人都很忙时，他们都会专心于自己手头的工作，很难注意到周围的其他事情。

同样地，如果人们遇到了不是自己分内的工作，也很容易表现出"看到了也像没看到，听到了也像没听到"的状态。本节要介绍的曾任松下电器名古屋器材营业所所长的江端正一先生的故事，就是这样的情况。

有一天，松下幸之助要去给丰田汽车公司的高管讲课，而从名古屋车站到丰田总部的这段路，是由松下电器中部地区负责人江端先生陪同的。

汽车行驶在名古屋市内的时候，松下幸之助看着路边的空地和正在建造的大楼，十分感兴趣地一一询问："这栋楼是谁家承建的？业主在哪里？楼里有多少松下电器的产品？"江端先生为了能在松下幸之助面前对答如流，事先就调查了这段路沿线的相关信息，所以每个问题他都能从容应对。

行驶了一段时间之后,窗外的风景由街景变成了田园风光,江端先生的紧张情绪稍稍放松了一些,感觉自己就快要从松下幸之助的问题攻势中解脱出来了。这时,松下幸之助看见了一个广告塔,上面用大字写着:"买电视就买 NATIONAL㊀"。白色的塔身,红色的塔顶,在宽阔的田野中,这个广告塔十分醒目。越走越近的时候,松下幸之助说:"欸,看那个广告牌!是不是快要掉下来了?"

"好像是要掉下来了。"江端只好回答。

"广告一旦掉下来,就等于是咱们花了钱却污染了环境,会让企业失去人们的信任,给企业形象造成不良影响。你以前注意过吗?"

"注意到了。不过,这事儿应该由总部的广告部来处理的……"

㊀ 松下电器白色家电品牌名。——译者注

"那你给总部的广告部打过电话吗?"

"没,没打过。"

"啊?那我再问你,你一个月去丰田几次?"

"每周去两次。"

"那就是说每周能经过四次呗!每周四次看着这个脏兮兮的广告牌,你不觉得有什么不妥吗?本部的人又不能像你一样经常来这里,你注意到了为什么不告诉总部,让总部来修好它呢?你还是松下人吗?!"

松下幸之助扯开嗓门大声呵斥着江端,就因为他对快要掉下来的广告牌视而不见,认为这不在自己的责任范围。

之后,松下幸之助又问了很多名古屋地区广告宣传的开展情况,而这些情况完全不在江端的掌握范围之内。信息量严重不足的江端应答得有些语无伦次,结果一路被松下幸之助训到丰田,一动也不敢动,十分受折磨。

顺便说个题外话。第二天,松下幸之助就给松下电器总部的广告部部长打了电话,了解了野外广告牌的安装和更换周期,同时特意强调让他密切关注名古屋地区广告牌的情况。

听说,急忙前往名古屋的广告部部长看到广告牌后进行了深刻的反省,立即进行了更换,并修改了松下电器的广告牌维护制度,范围涉及全日本的松下电器广告牌,从根本上杜绝了类似事件。

对于自己工作以外的事情"看到了也像没看到,听到了也像没听到"的情况不在少数。我接下来要介绍的,是日本 Elite Network 公司董事长松井隆先生的《新员工培训要点》。这是松井先生在担任公司营业部部长时为培训新员工所总结的视频教材。

松井先生明确指出:"工作由'业务'和'职务'两部分组成。无论是做'业务'还是做'职务',公司都会给你相应的报酬。所谓'业务',是指分属不同部门的工作。根据'业务'制定出操作指南是很容易的,培训起来也很简单。而所谓'职务',是指公司里的所有人应共同承担的工作。其范围十分宽泛,如清扫公共区域以便大家更好地工作、遇到困难互相帮助、用心接待客户、思考出对公司有利的提案,等等。"

松井先生还认为,如果对新员工说"我希望你们快点熟悉你们的'业务'工作之后,能多多地做一些'职务'上的工作",你就会意外地发现,新员工都会理解你的意图并很快付诸实践。

松井先生的话,对于不少苦于下属管理的中层干部来说,似乎是一种很好的刺激。

正如我在本节开头处提到的,最近,我觉得越来越多的人在工作的时候有了"我的工作就只有这些"的想法,不肯踏出自己的工作范围半步。

诚然,对于直接交办给我们的工作,我们每个人都有责任把它做好。但作为公司的一员,我认为我们还需关心如何提高公司的整体业绩,并尽可能地为达成这一目标而加强合作。

CHAPTER 4
第 4 章

如何奉献社会

什么才是正确的

在考虑自己的同时,也要考虑他人、组织、社会。这就是公心。因此,抑制私心,以公心为先,最终就又会回到"什么才是正确的"这个问题上。这或许是摆在每个人面前的永恒课题吧!

有一次,松下幸之助在总结松下电器从家族企业发展成为今天屹立于世界之林的强企的主要原因时,讲了 11 个要点。

其中,排在首位的 3 个要点是:生产的东西符合了时代潮流,聚集了大量优秀人才,树立了经营的理念。此外,他还说了一点,就是"先思考什么才是正确的,再鼓起勇气去做"。这里的"正确"不单单是指个人的得失,还需要从客户、员工、公司的将来、社会的角度去思考什么才是正确的。只有立足于这样的社会正义去考虑、去行动,才能诞生真正强而有力的企业。

我在介绍松下幸之助的经营理念时,一般会从"纲领"开始讲起。这个"纲领"是松下幸之助作为松下电器的创始人在 34 岁时制定的。其中就包括"以维持社会正义与盈利之间的和谐,谋求国家产业发展,期待社会生活水平的改善与提高"的理念。也就是说，松下电器虽然重视盈利，但并不是为了赚钱什么都可以做。一定要讲究手段。在正确经营企业的同时，还要为行业的发展做出贡献，做出对顾客有用的产品。松下幸之助从年轻的时候就宣传这样的经营理念。

还有，松下幸之助在38岁的时候创建的"七精神"中，有一条是"光明正大之精神"。他强调，无论多么有知识、有才能，只要没有这种精神，就是一个不能得到大家信任的失败者。正是在这种顶层思想的引领下，松下电器多年来才一直受到客户的信赖，与客户建立起深厚的感情。

那么，松下幸之助是神吗？他总能立即判断出什么才是正确的，完全不会踌躇吗？事实上，他每天都在迷茫和纠结之中。与其说他是"经营之神"，不如说他是在迷惘和烦恼中不断追问并寻求正确答案的"求道者"。

松下幸之助晚年在名古屋青年会议所的演讲中说过："成功人士与失败者的差别在哪里？是不是看你有没有私心呢？我以前也一直这么认为，但说实话，到了我这个岁数，都还是有私心的。有时候为了公司必须做某事的时候，私下里也会想要为自己做点什么。这个时候我都会对自己说不可以，然后收起私心。下次遇到这样的事，私心又会冒出来。所以，欲望这种东西是无法消除的。我内心现在每天都在和私心欲望相纠缠。像我这样的老人都有私心，你们年轻人就更不用说了吧！但欲望也分公和私，我现在思考的是，我能在多大程度上控制私心欲望，又能在多大程度上激发公心欲望呢？每天都在纠结是做一个一心为公的人，还是做一个只考虑自己的人。人啊，还是很难做到洒脱啊！"

每天辛苦奋斗，当然是为了让自己生活得更幸福。但如果认为只要自己好就行了，那就错了。你要生活，别人也要生活啊！

所以,怎样才能让自己和他人都活得更好呢?在考虑自己的同时,也要考虑他人、组织、社会。这就是公心。因此,抑制私心,以公心为先,最终就又会回到"什么才是正确的"这个问题上。这或许是摆在每个人面前的永恒课题吧!

有梦想、有远见的人

不,能实现啊!一定会实现的!所以为了实现这样的理想社会,我们现在就可以想象它的具体样子,然后一点点地去接近它。

如何奉献社会

松下幸之助的生活态度非常积极向上，总是充满了梦想和愿景，并一直不懈地努力想要去实现它。

我刚进入松下电器，第一次见到松下幸之助时，他曾问过我："你是因为想做什么才加入松下的？"当时，"想做什么"给我留下了特别深刻的印象。

松下幸之助曾说过："这世间的每个人，都被赋予了不同的个性和天赋，发挥自己的长处去工作、去生活，这样的人生才是幸福的。"所以他才会一见面就先问我"你来这里是想做什么"。个人有个人的追求与梦想，那么在工作上也应当有所追求。

在 PHP 研究所成立 30 周年之际，松下幸之助出版了《我的梦·日本梦：21 世纪的日本》一书，此书以小说的形式描绘了 21 世纪日本的理想状态。而我当时作为研究部的负责人参与了这本书的出版。

小说以一个假设作为开始。假设 2010 年国际社会舆论调查结果显示日本是最理想的国家。为了向

"理想之国"学习,世界各国的考察团都来到日本,对日本的政治、经济、教育等各个领域进行考察。而他就负责向考察团介绍过去的日本是什么样的,这些年进行过什么样的改革才会变成如今这样一个理想之国。

小说里的描写细致入微,但也有人说这种故事情节简直就是痴人说梦,对未来的日本能否成为理想之国持怀疑态度。松下幸之助对此进行了回应并指出了一条通往理想之国的道路:"不,能实现啊!一定会实现的!所以为了实现这样的理想社会,我们现在就可以想象它的具体样子,然后一点点地去接近它。"

这本书从松下幸之助的经营心得出发,总结了一些他对日本的建议。其内容原先是连载于 PHP 月刊的,持续了许多期之后,我们决定将其整理为一本书来出版。出版前,松下幸之助和我们研究人员在高野山进行了十天左右的集训。这几天我们全都同吃同睡,终于将其定稿。

第 4 章
如何奉献社会

那段时间我们从早到晚都跪坐在坐垫上讨论。这是一项相当艰巨的工作，但我从中感受到了松下幸之助的热情，他热切地认为 21 世纪的日本就该如此。我如今依然记得他当时一边挥汗如雨地打磨书稿，一边思索着如何才能实现这个理想的样子。虽然他也觉得确实很难实现，但依然强烈地意识到必须先树立起这样的理想。

松下幸之助这个人，在面临严峻形势时，即使别人都认为已经山穷水尽了，他也会满怀激情、满怀梦想地说："你要是一开始就觉得你做不到的话，那你就真的做不到了。就好像明明你钱包里有很多钱，你就是看不见，所以你什么也买不了。日本也好，日本人也好，都有很多本质非常好的东西，我们只需要正确地看待它、相信它、活用它即可。这样一来，日本应该就可以成为被世界尊敬和信任的国度，日本人也可以成为深受全世界人民信赖的人。"

关于素直之心的对话

如果你在满足自己欲望的同时,并没有妨碍到其他人,那你就尽管去满足好了。所谓的受制于私心,是指只管自己、不顾他人的行为。这是不可以的。自己要生存,同时也给别人一条活路,这种和别人一起共存的想法才是素直之心。

下面是我和松下先生关于"私心"的对话。

"所长,你说不受私欲束缚的心才是素直之心,我觉得有些憋屈。"

"为什么?"

"我们每个人都有私心,或者说是个人的各种欲望。如果能极大地满足这些欲望,我们认为那就是幸福。但如果有人说必须控制欲望,那就会觉得很压抑……"

"那你想怎么办?"

"所以,才想要极大地满足自己的欲望……"

"那可以满足啊!"

"啊?可以吗?"

"因为欲望这东西,就是人类生命力的引擎啊!抑制了它,人类社会便难以为继。所以可以大大地满足它。但你和你身边的人是不是都想满足自己的欲望呢?"

"是的,这我承认。"

"如果你在满足自己欲望的同时,并没有妨碍到其他人,那你就尽管去满足好了。所谓的受制于私心,是指只管自己、不顾他人的行为。这是不可以的。自己要生存,同时也给别人一条活路,这种和别人一起共存的想法才是素直之心。"

"原来如此,这么一想就轻松多了。"

在与松下先生你来我往的对话中,我们思考了私心与公心、个人生活与集体生活的关系。

下面是我和松下先生关于"善恶"的对话。

"所长,如果这世间素直之心越来越多,邪恶就会消失吧?"

"不,我不这么认为。"

"如果能养成并保持与他人同生共死的心态，就能互相帮助，无谓的纷争也越来越少，然后善就会增多，恶就会减少，不是吗？"

"话虽如此，但我认为人世间是不会没有恶的。即使全世界都是坏人，也会有善；即使全世界都是好人，也存在着恶，难道不是吗？"

与松下先生的这段对话，让我从一个热衷于理想论的人的身上，看到了人间的真相和事物的本质。

下面是我和松下先生关于"素直的实践"的对话。

"所长，一个素直的人，必是向世间万物学习的人，对吧？"

"是这样啊。"

"要想学习众智，最重要的是不是要保持素直之心去倾听呢？"

"是的。要想养成素直之心，首先就要学会倾听。

但若想要将之付诸实践,仅靠倾听是不行的。比如,这地上掉了一张纸,很多人即使看到了、觉得脏了地面,也会视而不见地迈过去。而真正拥有素直之心的人,也许会伸出手把它捡起来。"

松下先生认为,素直之心并不是光靠学习就能完成的,而是要将其作为"积极的做人之道"自发地去行动、去实践。

这样的对话多了之后,我才慢慢总结出了松下先生所认为的"素直论"。

心灵的"贫瘠"与"富足"

按照木村先生的解说,所谓心灵贫瘠之人,是指心灵觉得饥渴,这也想做,那也想做,但现实中哪个也做不成功的人。从另一个角度来说,他们其实是一些有上进心的人,是谦虚的人,是不骄傲自满的人。

那是我从事 PHP 研究的时候发生的一件小事。

当时,大家把从宗教书籍、历史书籍等各种文献中查阅到的关于幸福论的各种表述放到一起进行了研究。有一天,大家围着松下先生,谈到了《圣经》的《新约·马太福音》中的"登山宝训"一节。

读到一半,松下先生问大家:"你们说说看,这里写着心灵贫瘠的人是幸运的,这心灵贫瘠是什么意思?"

听他这么问,同事们便齐齐向我看来。因为他们都知道我经常去教堂。当时的气氛是,大家都觉得我有真知灼见,所以就应该由我来回答。但是,即使我涉猎广泛,也不具备解释幸福论的专业知识啊!虽然觉得很为难,但我还是尽量向松下先生阐述了我自己的看法。

"嗯,经济上的贫困一般是指缺乏财物吧!但心灵上的贫瘠指的是不是这样一种心理状态呢？比如因为自己想要的无法得到而滋生的苦恼情绪，或者是面对自己的理想离现实生活太遥远、无法企及理想的这一现状做出的反省，又或是想要为自己寻找真理、寻求神助、追求人间正道的生活态度，等等。"

"那不就和素直之心、谦逊之心是相通的吗？"

"我想，是可以这么说的。"

"那太奇怪了。那不就和日语里说的心灵富足一样了吗？不奢不骄，求道心强，不应该是心灵贫乏，而应该是心灵富足吧？"

"不，所谓心灵富足，是指对人或物抱有丰富的感情，待人接物宽容大方，人格圆满，能美好地解读美丽的事物等心胸宽广而心灵充实的形象。而与此相对，我认为所谓心灵贫瘠，是指因自己人格不完整、不完美而产生的负罪感，或是因心灵无法被满足所产生的孤独感、空虚感等。和心灵富足的表现还是不一样的。"

"我还是不太明白。这些不都是在说明心灵富足的人才是幸运的吗?"

对于松下先生的评论,我也感到无法很好地解释清楚,因此有些焦躁。但这个话题也就到此为止了。总之,如今想起这段对话,我还是很怀念的。

其实,松下幸之助的继承人松下正治⊖对这一段也有着同样的疑问。据说他有一次在报纸上读到了评论家木村尚三郎对这一段内容的解说,并大为认同,因此在他的著作《经营之心》中提到了这一点。

按照木村先生的解说,所谓心灵贫瘠之人,是指心灵觉得饥渴,这也想做,那也想做,但现实中哪个

⊖ 松下正治,松下幸之助的女婿,1961～1977年1月担任松下电器的第二任社长。——译者注

也做不成功的人。从另一个角度来说，他们其实是一些有上进心的人，是谦虚的人，是不骄傲自满的人。木村先生在那段解说的最后写道："做人也好，办企业也好，建设国家也好，在某种意义上其实都是一样的，都是觉得与别人相比自己还差得远，不努力不行，而想着想着、不断努力着，渐渐地就成功了。只有达到这种境界才会有真正的成长和发展。日本也是如此啊！战后的日本，与西方国家相比这也不行，那也不行，每天都在苦思冥想如何缩小差距，结果才实现了战后经济飞速发展，如今一跃成为世界经济大国。如果当时日本觉得自己什么都挺好，就会失去心灵上的贫瘠，从而变得骄傲自满，这样一来日本的将来就危险了。"

要是松下先生能读到这篇文章，大概就能理解我当时说的话了吧！

只要有志向

　　以前在日本传播基督教的传教士们，都是在完全不懂日语的情况下来到日本的吧？即便如此，他们不也把基督教传过来了吗？解决困难的关键是志向，要看你有没有强烈的使命感！

PHP 研究所在 1970 年创办了国际版（英文）的 *PHP* 杂志。在那之前，发生了这样一件事。

当时我还是研究部的室长。有一天，松下先生安排给我一个奇怪的任务。

"你能不能去美国看看？也不需要特别做什么，你就按照自己的想法随便转转就行，我只是想听听你对美国这个国家的真实感受而已。"

我只会说几句英语，虽然觉得很为难，但还是想办法安排了 25 天的旅程。1969 年的春天，我终于出发了。我去了美国的东部、中部和西部，旅行的过程中我尽量多听、多看，并拍了很多照片带了回来。

回国后，在向松下先生报告旅行成果时，他对我拍摄的几张照片表现出了浓厚的兴趣。

例如，有一张拍的是华盛顿特区的商业街，那时候离华盛顿发生暴乱已经过去一年多了，但整条商业街几乎没有任何修复的痕迹。还有一张是纽约中央车站的站台，才下午七点左右，站台上却空无一人。还有我在洛杉矶市内散步时无意间拍下的两张照片。当时突然驶来了一辆警车，从车里下来的警察给从我身前走过的一个年轻人戴上了手铐，我的镜头刚好拍下了这个极具冲击感的画面。

松下先生看着照片说："我从来没有听过这样的旅行报告。一个初到美国的人，居然拍到了这样的照片，果然，美国还是有不少问题啊！不如把我们的 PHP 杂志出个美国版吧！让美国也学习下其他国家，包括我们日本的文化，互相提提建议吧！"

自从松下先生有了这个想法之后事情就不妙了，他想让我这个不擅长英语的人来负责这件事。我当时就拒绝了，但他根本不给我拒绝的机会。"我连日语都说不好，不也出版了 PHP 杂志吗？你好歹还学了几年英语吧！你要是不擅长英语，你可以找一些英语好的人来帮你啊！你只要负责统筹就行啦！"最终，我还是接下了这个任务。

然后，我们就成立了国际版 PHP 杂志的编辑室。因为是临时决定，所以我先从研究所内挑选了几个人，开始着手准备。这些人未必都具备丰富的国际意识并且英语流利。当然其中也有做过英语翻译和日语翻译的人，但总之包括我在内的整个团队基本上都是外行。

有一天，松下先生来编辑室了解国际版 PHP 杂志的筹备情况。在回答了他很多问题之后，我忍不住说："我们这些人英语都不太好，所以工作进展得不是很顺利。"听到这儿，松下先生严厉地批评我说："你听听你说的是什么？以前在日本传播基督教的传教士们，都是在完全不懂日语的情况下来到日本的吧？即便如此，他们不也把基督教传过来了吗？解决困难的关键是志向，要看你有没有强烈的使命感！"

虽然编辑并发行国际版 *PHP* 杂志的工作确实非常困难，但我们还是完成了。大阪世博会期间，在松下先生的策划下，国际版 *PHP* 杂志的创刊号被放进了五千年后才会被打开的时间胶囊中。而我们研究所的工作人员至今仍在编辑英文 *PHP* 杂志，仍在致力于国际版 *PHP* 杂志在海外的普及活动。

尽管如此，松下先生依然忧心日本、忧心世界，依然想努力使日本、使世界变得更好。看到松下先生忙碌的身影，我再次感受到了他为了实现梦想而表现出的热忱。

"这枚勋章很重吧"

无论多大年纪,松下幸之助都持续学习、不断成长,为社会做出贡献。正是这种无限的热情和努力,为他带来了一生中被三次授予一等勋章的荣誉吧!

松下幸之助不仅创造、经营了松下电器，还通过参加、赞助各种各样的文化活动和社会服务活动，积极地参与到对社会和人类有用的活动中。因此，国内外各种组织和团体给他颁发了许多奖状、感谢状并授予荣誉称号。其中，来自日本政府的"一等勋章"㊀就有三枚。包括他75岁时获得的"一等瑞宝勋章"，86岁时获得的"一等旭日大绶章"和92岁时获得的日本民间最高勋章"一等旭日桐花大绶章"。那么，在这里，让我们来聊聊关于勋章的话题吧。

虽说是勋章，但松下幸之助却从不特意向人讲述和吹嘘勋章所代表的荣誉。当然，他在受到表彰时也会坦率地表示喜悦和感谢，但在那之后，就会把勋章悄悄地收起来，不怎么拿出来展示。我能想起来的，只有一件他在92岁被授予"一等旭日桐花大绶章"之后发生的一件小事。

㊀ 在2008年8月的内阁会议后，日本对奖励制度进行了改革，如今已不再使用"一等勋章"等奖励名称了。

我记得那天我好像是和PHP研究所的两三位主管一起去看望松下先生的。当时松下幸之助正在松下纪念医院住院。

"这次您获得勋章,真是可喜可贺啊!"

松下先生也很高兴地问:"你们见过勋章吗"我们都回答说没有,松下先生就从桌子上的盒子里,拿出了刻有桐花的美丽勋章,放到桌子上。

"在这儿呢!你们拿起来看看。"

我战战兢兢,双手捧着它。勋章比我预想的要重,是用景泰蓝工艺制作而成的,比看起来更有重量感。看到我吓了一跳,松下先生莞尔一笑。

"怎么样?很重吧?"

"是的,比想象中重多了。吓了我一跳。"

我曾经偶然遇见过一个从事授勋工作的人。我问他:"同一个人会被多次授予一等勋章吗?"

那个人斩钉截铁地说不会。我又说:"但事实上,松下幸之助一个人就有三枚一等勋章呢!"

"不,不可能。你是不是弄错了?"

"那我给您看一下名单。"

我把松下幸之助获得勋章记录的复印件拿给他看,他惊讶地说:"哦,原来还真有这样的事啊。真是不可思议。"

一个人一生中被授予三次一等勋章,这好像是特例中的特例吧!特殊到连从事授勋工作的人都会吃惊的地步。

哈佛商学院的约翰·P. 科特教授在其著作《科特论松下领导艺术》中总结道:"如果用一句话来概括松下幸之助,可以说他是一个一生都在成长的人。"

无论多大年纪,松下幸之助都持续学习、不断成长,为社会做出贡献。正是这种无限的热情和努力,为他带来了一生中被三次授予一等勋章的荣誉吧!

"这枚勋章很重吧?"

松下先生和蔼可亲的笑脸,激励着我日日常新、日日精进。

把道德与实际利益结合起来

道德代表的不仅仅是个人的精神价值,还会产生社会性的、物质性的价值,我们必须高度地评价它。全民培养自爱互爱的道德心,才能实现共存共荣。

第 4 章
如何奉献社会

最近,我经常听到许多人因重大自然灾害而失去了生活来源乃至失去了生命的报道,每每听到都痛心不已。同时也不禁感叹,如今报道战争、杀人、诈骗等人为伤害的新闻似乎越来越多了。

现如今,日本的父母和教师都必须教导孩子"不能相信陌生人的话""如果有不认识的人靠近就赶快逃跑"。对于教育上、政治上出现的这种现状,我认为我们不能再置之不理了。虽然可能会花些时间,但我认为我们必须修身养性、提高治安管理水平,让社会恢复到民众能安心生活的状态。

1965 ～ 1971 年,松下幸之助曾在 PHP 杂志上连载过《新日本·日本的繁荣谱》。其中有一篇题为《把道德与实际利益结合起来》的文章,文章内容概括如下:

　　1)曾经我们说"仓廪实而知礼节,衣食足而知荣辱",但现在的日本,人们虽丰衣足食,礼节却越来越乱。这样下去日本不可能变好。

2）太平洋战争是由偏激的道德观引起的。而且，第二次世界大战后甚至否定了正确的道德观。我们必须抛开对道德的偏见，重新认识德育的价值，真正地推进道德教育。

3）道德本来就是用来教会人们懂得尊严、懂得正确的生活方式的，一般不会因国情和时代的不同而改变。

4）以商业道德和社会道德为例，商业道德不高就不能顺利开展经济活动；社会道德不高也无法顺利开展社会活动。道德，会给人类生活的各个方面带来巨大的实际利益。

5）道德代表的不仅仅是个人的精神价值，还会产生社会性的、物质性的价值，我们必须高度地评价它。全民培养自爱互爱的道德心，才能实现共存共荣。

这篇稿件完成之前，我们每周都要围着松下先生开研究会。有一天，松下先生说："听说，中国也会教导学生遵守纪律、不给别人添麻烦、要尊师重教等与道德品质有关的内容，你帮我调查一下详细情况吧。"于是，我就去图书馆查阅了相关教育资料，抄写了各国的学生规则给他看。他看了之后说："确实，苏联和中国的学校也在教导学生要'热爱祖国，尊敬教师，服从父母，待人亲切'啊！"当然，欧美各国也在教这些。果然，世界各国的基本道德规范、行为礼仪都是大同小异的。但这些内容应该不仅仅满足于在学校教授，它更需要在家庭和社会中被实践。

之后的每次研究会，我都会围绕着"道德和礼仪"进行反复地斟酌和修改。在1965年12月的研究会上，稿件校对结束后，松下先生说："这真是一篇好文章啊！这是大将级的内容！一旦确定了这个主张，无论是教育家还是政治家都会有勇气去改变现状了。所以这个主张很重要。将日本的教育中一半的精力放在道德教育上也不为过，还可以开办专门讲授道德的学校。我觉得这个主张对于现在日本社会来说是很有必要的。咱们就印刷100万册，分发给以佐藤首相为首的社会各界有识之士吧！"

之后的详细经过就记不清了，但我记得当时确实印刷了18万册的小册子。小册子的封面是绿色的，上面用大大的黑色字体写着：把道德与实际利益相结合。当时是以向全国中小学校长、国会议员、府县市议会议员、全国警察、法院法官、检察官以及经济界人士等寄送问候信的方式，随信一同寄出去的。之后还收到了很多感谢信和各种写有教育意见的回信。

比如有的校长回信说"已在教师中传阅""让学生也读一下""想把它用在家长教师协同研修会上""将在城市的有线广播中播放"等。还有几家银行、警察局、邮局回信说想转载到机关杂志和企业内部报刊中。

这就是担心国民道德低下的松下幸之助将自己的信念推广给社会的一个真实事例。如今，这件事已经过去了几十年，遗憾的是，当今的社会比那时更加漠视生命，扰乱治安的行为屡见不鲜。我觉得有必要再次将道德纳入思考范畴，重新审视人类的教育体系，有效地涵养德行。

CHAPTER 5
第 5 章

如何成就更好的人生

好运之人

"能受到您青睐的未来领导人会是什么样的呢?"

"这得见了面才能知道。非要让我说的话,我觉得他得是个好运之人。"

松下幸之助一路走来，你总能看到他化困境为顺境的神奇反转力量。

松下幸之助特别善于提问，不管什么都会先问问大家"你觉得怎么样"，然后再认真地听取大家的意见。有一天，他提出了一个这样的问题："如果一百个之中，有三个成功了，你觉得怎么样？"

这听起来就像是问禅一般。我一时之间无从思考，只好想到哪儿说到哪儿："虽然不知道您具体指的是什么，但一百个之中只成功了三个的话，我觉得还是放弃比较好。"

他又问："你在学校学过这些吗？"我不明所以，回答说："学校应该也学吧。"我想着数学课上会学概率论，经济学课上也会学生产率和效率。从这些知识来看，我觉得百分之三的成功率还是太低了吧！还是放弃比较好。听了我的回答，他说："我可不这样想啊！要是一百个中能成功三个的话，我就有勇气去搏一搏了。"

我当时也曾腹诽"他就是个爱跟人唱反调的人",但随着时间的流逝,我觉得这还真是松下幸之助的生存方式。

同样是百分之三的成功率,松下幸之助会说"做吧",而我说的是"算了吧"。这两个回答迥然不同。松下幸之助就是这样的人,即使是很小的可能性,他也能发现它、实现它。

"十个里只成功了三个,就说明还是可以成功的啊!只要找到那三个的共同点,不就掌握了成功的要素了吗?这样一来,三个就能变成六个,六个就能变十个、二十个。像这样,成功的可能性就会越来越大。"

他之所以总能保持这种积极的想法,可能是基于他一路走来的经验吧!在没有资金、没有学历、没有健康的情况下,松下幸之助兴办了企业,并最终引导企业走向了成功。这就是将困境化为顺境,而能做到这点,靠的是学校里学不到的、自由而积极的想法。

在那之后不久,发生了一件事。有一次,记者田原总一郎先生来采访松下幸之助,我作为陪同人员。那时,松下先生正在构思松下政经塾,田原先生提了一个问题:"您将招收什么样的人呢?"

"能领跑 21 世纪的人。"

"能受到您青睐的未来领导人会是什么样的呢?"

"这得见了面才能知道。非要让我说的话,我觉得他得是个好运之人。"

田原先生没想到松下幸之助会这么说,又问:"面试一下,您就能知道他运势好不好吗?"

"这个嘛,只要看见他的脸和简历就能猜出个大概了。"

顺便提一句,当时松下幸之助列举了松下政经塾的学生选拔标准。除了运气好之外，其他三点是学习好、会表达和讨人喜欢。

特别值得一提的是运气好。一般人会认为运气的好坏是上天赐予的，谁也无法预测。但是就像前面关于百分之三的争论那样，到底该如何解释就要看这个人是怎么想的，是以怎样的姿态去面对生活的。不同的想法造就了千差万别的人生。例如，遭遇事故的时候很多人都会觉得很倒霉，但有人就会觉得自己捡了一条命，是运气好的表现。

如果觉得自己运气不好，人生就会变得消极而无趣；如果对自己运气好这件事深信不疑，则无论发生什么事情都会有勇气和力量去接受。松下幸之助认为这一点非常重要，身居高位更适合那些积极向上、确信自己运气好的人。

我觉得松下先生所说的"好运"，实际上隐含着身处困境仍能积极思考、积极面对人生的意思。

每天以认真定胜负

要学会自我鼓励,真正疲惫的时候才会迅速回满能量,带着"好好干"的想法努力工作。这就是松下幸之助的日常。

松下幸之助是个"以认真定胜负的人"。

前文中已经说过,我们经常和松下先生以对话的形式进行研究。他总是操着一口关西腔问我们:"你们觉得怎么样呀?"我和其他人每次都要绞尽脑汁地回答。但有时我也会模棱两可地说:"虽然我不太懂,但我只要配合您说的去做就可以了。"每当这样的时候,松下先生都会狠狠地瞪我一眼。

我就被他训过:"你还是说点真心话吧!"也许是从我的回答中感受到了什么吧。他可能看穿了我是在说恭维话,或者是在走形式,觉得"啊,这家伙也不认真啊"。他那样说我的时候,我吓了一跳。倒不是因为真的做了什么亏心事,只是因为刚才回答得太过敷衍而感到内疚。

如今回想起当时的情景,我再次深切感受到那句"你还是说点真心话吧"中所包含的责备和鼓励,好像在对我说:"难得进行一次对话,你把你的意见都表达出来吧!"

也就是说,我觉得他想要表达的意思是:我想听听你的真心话。表演也好,场面话也好,我就想听听你真实的想法。我们的工作就在这样的谈笑之间和偶尔的紧张感中进行着。

说到这儿,我又想起了一件事。有时候我们一讨论就是一整天,松下先生也是从早到晚都埋头工作。虽说他那时身体尚属健康,但毕竟也是将近70岁的老人了,工作太多还是会影响身体的。偶尔他也会说:"今天好累啊!"看到这种情况,我们不禁会想:"这么累,明天早上上班肯定会晚到吧。"

但是,到了第二天一看,别说晚到了,松下先生反而比以前来得还早。这才是松下先生的工作模式。当然,能那么早来,可能也确实是享受到了工作的乐趣吧!但也有可能正是因为意识到第一天太累了,才会给自己打气,让自己拿出干劲第二天早点到。也许是我的错觉吧,我认为松下先生想向我表达的就是这种工作态度。

换句话说,要学会自我鼓励,真正疲惫的时候才会迅速恢复能量,带着"好好干"的想法努力工作。这就是松下幸之助的日常。

松下幸之助就是这样,一边享受着工作带来的快乐,一边不停地向前奔跑。将这两者平衡得很好的他,总是给人一种强者的感觉,也总能让人从他身上学到如何成长。同时,我也强烈地感受到松下幸之助每天都在真刀真枪地工作和生活。

热泪盈眶

对于松下先生的人情味和丰富的感性,我至今仍留有难以忘怀的回忆。

松下先生自己也说过,"从小我就是个爱哭鬼"。正如这句话所表现的那样,我认为他本质上是一个非常温柔的人。在松下先生年事已高的时候,发生过这样一件事。

有一天,我去松下先生那里,给他汇报我担任PHP研讨会讲师的时候发生的事情:有一对父子来参加研讨会,父亲是社长,儿子是董事。我像往常一样要求学员踊跃发言。但这对父子总是意见不合,整场讲座就听见他们俩你来我往,针锋相对,气氛不禁有些尴尬。在其他学员眼里,这不过是父子吵架。

我心里想着,"不管有什么事都不应该在这里吵架啊",一边无奈地推进研讨会进程。第二天下午的讲座内容是"素直之心"。可能我下意识地想起了这对父子吧,所以围绕着"素直"做文章,比平时讲得更卖力一些。

第三天上午,研讨会即将接近尾声的时候,那个儿子举起了手说:"我可以发言吗?"我赶紧说"请",然后他坦诚地说:"非常抱歉。我昨天一直在责备我父亲,结果,让在座的各位也产生了不愉快的心情。昨天学习了'素直之心',才知道自己的态度是不对的。"然后那个爸爸也同样以反省的口吻发了言。就这样,在非常融洽的气氛中,讲座全部结束了。

我抬起头的时候,惊讶地发现松下先生的眼睛湿润了。

我不知道他是因为什么而流泪,是因研讨会的成果而感动?还是想起了什么私事?我不清楚真实原因,但我知道,我的报告是引子,引得松下先生流泪了。我心里也涌起一股热流蔓延全身,觉得松下先生真的是很认真地在听我说话,也很庆幸今天能来向他做汇报。

对于松下先生的人情味和丰富的感性,我至今仍留有难以忘怀的回忆。

"哲学"是什么

我认为,松下先生哪里是不懂哲学啊,他分明就是一个很喜欢哲学的人啊!他一直在追求事物的本质与原理,并努力地将其体系化,然后再尽量通俗易懂地传达给人们。

我听松下先生说过这样的话:"我啊,根本不知道哲学这个词。"

这件事发生在 PHP 运动刚开始的时候。在某个会场,松下幸之助谈了一番理念之后问:"大家有没有什么问题?"与会人员中有一个人问:"您说的 PHP 是一种哲学思想吗?"

当时松下幸之助一时间竟没有回应。我前文中介绍过,松下幸之助有着非同一般的机敏和智慧,对于任何问题都能随机应变,滔滔不绝地回答。那为什么对这个问题会感到困惑呢?松下幸之助是这么说的:"我没听懂他的问题啊。没办法,我就问那个人'您刚才说的是什么?您说的是哲学吗?什么是哲学?'"

在全场听众面前,松下幸之助反而向那个提问者提了好几个问题。

回忆起当时的情景,松下幸之助说:"我不了解哲学。没办法,我只能问他啊!然后那位先生给我解释了哲学后，我就从他的解释开始思考，觉得 PHP 不能单纯地被认为是哲学。因为 PHP 已经带有社会运动的性质，是一种伴随着实践的理想和理念。我明明说着 PHP 这个词，还发起了 PHP 运动，却连什么是哲学都不知道，实在是不好意思啊！"

我认为，松下先生哪里是不懂哲学啊，他分明就是一个很喜欢哲学的人啊！他一直在追求事物的本质与原理，并努力地将其体系化，然后再尽量通俗易懂地传达给人们。

例如，自松下电器创业以来，通过各种各样的商业体验，松下先生总结出"企业是社会公器"的经营理念。他提倡"自来水哲学"，认为企业的使命是像自来水那样，提供廉价、丰富、优质的产品。第二次世界大战后，他致力于研究自然的道理和人的本质，从"经营社会"的视角不断提出有建设性的提案。

如果没有正视事物真理、正视哲学的姿态，这些事情就不可能做到。

1964年,美国《生活》杂志记者采访了松下幸之助后发表了特辑报道,描写了他的五个特征,其中之一就是"松下幸之助是个哲学家"。

谷泽永一先生在其著作《松下幸之助的智慧》中也提及:"松下幸之助的第一个特征是爱思考,他是思考者。"山本七平先生也说:"笛卡尔说过'最高的学问就是从社会这本大书中学习',松下幸之助不正是把最难的学问做得最好的人吗?"

松下幸之助说他不知道"哲学",但实际上,他可能没有意识到,他已被各界人士评价为"哲学家"。这一点,与其说是有趣,倒不如说是耐人寻味。

我也想要成为这样的思考者,面对世间的万事万物,都去追求它的本质和道理,形成自己的思考,判断出什么才是正确的,什么才是该做的。

深更半夜去上班

无论多小的事,他都会真诚地对待。对每一次相遇都充满了怀念之情,我觉得这才是松下先生最大的特点。

活力与勇气
松下幸之助的人生前行心得

松下幸之助对待工作十分严格，对待人十分真诚。

见面聊天或是打电话就不用说了，即使你只看他的来信或是电报的文字也会明白，他绝不是走个形式而已。文字中添加了许多松下式的鼓励和安慰，所以不知不觉就会变成长篇大论，字里行间充满了感情，确确实实地将想表达的意思传到了对方的心里。

有一天，松下先生一个非常亲密的朋友去世了。在第二天的葬礼上，他要代表亲友致悼词。他说了许多和这位朋友的回忆，然后我们又反复研究，最后写出了一篇饱含心意的悼词。在请一位擅长书法的女职员誊写在和纸㊀上之后，松下先生傍晚就带着它回家了。

那天晚上，我下班后回到了住处。正准备睡觉的时候，突然从窗外隐隐约约传来了"岩井、岩井"的声音。我吓了一跳，跑出去一看，居然是松下先生站

㊀ 日本的特色纸张。——译者注

在那里。他跟我说,"不好意思,请马上跟我回公司一趟",所以我们半夜三更又跑回了研究所。

我问他回研究所做什么,他说晚上在家练习读悼词,读着读着,满脑子都浮现出了那位朋友的身影,想起来的往事也越来越多,觉得白天写的那篇悼词有点少了。

但第二天就是葬礼了,我们没有时间进行大幅修改。松下先生自己准备用剪刀去掉不好的部分,结果没剪好,最后整篇悼词都没法用了。当我看到这一幕的时候,大叫着制止了他。他看着那几张被剪断的悼词,决定重新誊写一遍。但那时已经是半夜了,也不能再把那个女职员叫来。结果,最终只好命令我这个当时最年轻的男职员写了。

当时的真真庵还是 PHP 的事务所。我记得我们好像是从一间茶室里找到了一个书桌,然后我就用十分不习惯的细毛笔开始往和纸上誊写悼词,一边写一边想:"这可真是的,困死我了。"

但是,写着写着,松下先生对亡友的思念逐渐感染了我,我觉得我的笔尖都充满了感情。我一个字一个字努力地写,一遍遍地被他温暖的内心感动。

无论多小的事,他都会真诚地对待。对每一次相遇都充满了怀念之情,我觉得这才是松下幸之助最大的特点。

"我还想再来"

这就是松下幸之助的人生态度：始终追求自主，不断学习进取。

PHP 研讨会最初是为了让学员们理解松下幸之助的经营理念和思考方式而开办的,我那时就是 PHP 研讨会的讲师。

松下先生平时非常忙碌,我们研讨会的会场他只来过两次。第一次是 1978 年 1 月的京都会场,第二次是 1986 年 2 月的东京会场。

第一次的时候,我担任的是研究小组的协调者,所以对当时的情景记忆犹新。那次是一场岗前培训课,培训对象是松下集团销售公司的外调负责人,当时的课程已经进行到第三天了。

这时,松下先生突然开门走了进来。

当时,研究所已经从真真庵搬到了京都站南侧,在京都站旁边新竣工的大楼里。松下先生是来看新建成的研究所的。

我慌忙起身说道:"今天的学员都是销售公司的外

调负责人，结束后他们就要回到全国各地去了，能不能请您给他们说句话？"松下先生听了，笑着说了声"知道了"，就坐到了学员对面的座位上。

"谢谢你们来参加研讨会，今天是我第一次参会。你们觉得研讨会怎么样，好不好？"

"在这里，你们学到的是一个共同的思维方式。现在时代也变了，我不知道这种思维方式还能不能行得通。你们必须自己思考这种思维方式如何才能够适应现在的时代和商业状态。如果你不思考，那就和只读了一本书没什么两样。那就没什么意义了。"

"小时候师傅和前辈们也都教给了我很多，但走到现在，大部分是在我独创性思考之后做出来的。所以大家也要自己去发现'真正的自我'。一旦陷入定式思维就什么也做不了了。"

说完这些，他和每个人都握了手，然后就离开了房间。

我送他到走廊，松下先生好像想到了什么，说："我还想再来。"

我说："那太欢迎了！今天，在座的学员都很感激您的演讲呢！他们来参加研讨会，就是想亲眼见一见您，想亲耳听听您的讲话啊！"结果松下先生说："不是啊！我是说我想坐在那儿听一听。"我一时哑口无言。原来松下先生不是想再来当讲师，而是想坐在学员席上和他们一起参加研讨会啊！

这就是松下幸之助的人生态度：始终追求自主，不断学习进取。他那天的发言，以及离开房间时说的话，我至今都无法忘记。

短诗《青春》

青春就是拥有一颗年轻的心
以无与伦比的信念、希望和勇气
每天不断地创新
如此，则青春永远属于你

"松下幸之助的人生格言是什么?"

如果有人问我这个问题,我一般都会回答两个词,一个是"素直之心",另一个是"青春"。关于"素直之心",在前文中我已经介绍了不少小故事,这里,我们来谈谈"青春"。

1965年12月的一天,松下先生在PHP研究会上拿出了一首短诗。"这是丹羽⊖从印刷公司那里得来的,作为古稀贺礼送给了我。诗的内容非常不错。你来读一下吧!"然后我就把这首诗按照现场人数复印了几份。(我后来调查了一下,原诗是美国诗人塞缪尔·厄尔曼⊜的作品。)

在上司的催促下,我开始阅读这首诗。这首诗非常长,以"青春不是年华,而是心境"开始。这首诗

⊖ 丹羽正治,当时松下电工的社长。
⊜ 塞缪尔·厄尔曼(1840—1924)是一名生于德国的美国作家。儿时随家人移居美国,年逾七十开始写作。著作有知名散文《青春》等。——译者注

翻译得特别好,用了很多格调高雅的日语词汇。我一边一句一句慢慢地朗读,一边感受着翻译的意境。

读完后,松下先生说:"很有意思啊!也就是说,青春并不是指年龄,而是指心态啊!我想,他是想让我拥有这样的心态才送我这首诗的吧!真是一首好诗!但是稍微有点长,我想用我自己的话把这首诗再压缩一些,要是可以的话,我想把它作为我的座右铭,同时签上名送给代理店的各位。我都老了,代理店的各位也老了吧!"

松下先生拿出了自己写的文案,说:"土井⊖试着缩写了一下。虽然现在已经少很多了,但我觉得还有缩一缩的空间。我把它存在你们这里,希望你们能一起研究一下。"

在那个研究会中,我们进一步进行了斟酌和探讨。于是,松下先生的《青春》短诗就诞生了。

⊖ 土井智生,当时松下电器的会长秘书。

> 青春就是拥有一颗年轻的心
> 以无与伦比的信念、希望和勇气
> 每天不断地创新
> 如此，则青春永远属于你

大概松下先生认为这首诗是他的得意之作吧！定稿后，他立刻拿起笔，将这首短诗写在一张彩纸上，挂在真真庵的大厅里。而且还按照当初的想法，在复印了许多份后，用漂亮的镜框裱起来，赠送给了代理店的各位，他们都十分开心地收到了这份礼物。

之后，在公开的研讨会中，以及"经营之道"课程开始的时候，我向松下先生请示后，把《青春》这首短诗作为研讨会的听课纪念，让全体学员带了回去。当时的"经营之道"课程不仅讲授松下幸之助的企业经营理念和方针，也十分重视对人类生活方式的探讨。而《青春》这首短诗则正象征着一种探讨。

这首短诗诞生已经40多年了。但诗中所要表达的内容却完全没有褪色，每每读来，都会让人心潮澎湃。

鞠躬致谢

"低头致谢"的姿态,是松下先生在真真庵送行客人时的日常之姿。每次客人回去的时候,松下先生一定会亲自从玄关出来,郑重地向客人道别。然后,不管客人是步行回家还是开车回家,他都会一直站在门外目送,直到看不到客人为止。

我们在培训时使用的松下幸之助的视频教材中,有很多让学员感动的场景,比如创业60周年纪念大会上的三鞠躬。

1978年1月,松下电器迎来了创业60周年,在大阪枚方市的松下电器体育馆举行了经营方针发表会。出席者以松下集团的骨干成员为主,共有7295人。我也是其中之一。

当时松下电器已经连续5年经营不善,松下幸之助站在台上讲话,语气也比往常严肃一些,苦口婆心地说了很多:"当我思考松下电器是如何从20世纪30年代的世界经济危机、第二次世界大战后的混乱期、1964年的热海会谈时期一路走来的时候,我发现了一个问题,那就是最近的松下电器很松懈啊!怎么一个新对策都想不出来,这到底是怎么回事?!"

我很担心:今天大家都是来庆祝60周年的,所长这训话说得太长了。

但没想到，到了最后，松下幸之助话锋一转："这60年的辉煌始于当初的3个人，到了今天，有超过10万人来给松下电器庆生。虽然无法想象下一个60年松下电器会发展成什么样子，但无论如何，我想向在这60年风风雨雨中一起走过的各位表示衷心的感谢。"

说完这句话，松下幸之助突然走下讲台，站在前方，向大家深深地鞠了一躬，又鞠一躬，再鞠一躬。三鞠躬！这是最高的礼仪了！这一意外动作，使得会场都沸腾了，翻涌着感动的浪潮。

不可思议的是，即使到了现在，在培训当中，当我们播放这部录像最后一幕的时候，完全不知道当时情况的人，也会被深深地感动，有人甚至眼泛泪花。

"低头致谢"的姿态，是松下幸之助在真真庵送行客人时的日常之姿。每次客人回去的时候，松下幸之助一定会亲自从玄关出来，郑重地向客人道别。然后，不管客人是步行回家还是开车回家，他都会一直站在门外目送，直到看不到客人为止。

就在马上要看不见的时候，松下幸之助都会深深地鞠一个躬。我等年轻人脾气急，在排队送行的时候，不知有多少次在心里默默地想："太忙了，好想早点进去工作啊！"但是松下幸之助却一直坚持目送并鞠躬，不知不觉间，我们也渐渐地认为那样做是理所当然的了。

我们从松下幸之助去世第二天的报纸中，再次感受到这种鞠躬的重要性。

某报刊登了这样的内容。"我在年轻的时候，曾作为记者拜访过松下电器。当时松下幸之助特意送我到门口。当车开出大门的时候，我无意中回头一看，吓了一跳。没想到松下幸之助竟然在门口向我深深地鞠了一躬。这个场景，至今仍历历在目，无法忘怀。"

松下幸之助并不是有计划地去做这些事,而是以极其自然的姿态,每天都在做着。

每次想起这些事,我们都应该想想自己,在日常行为举止中,我们是否也有能打动人心的举动呢?

五分钱的白铜币最好

要说这90年中最让我高兴的,就是那个时候第一次得到的零花钱,一枚五分钱的白铜币。在得到这枚白铜币之前,我每天都会因为思念母亲而流泪,得到它之后,突然就止住了。

前面说过，1978 年 1 月，松下幸之助在 83 岁时，第一次来到了研讨会的京都会场。而他出现在东京会场则是 1986 年 2 月 14 日，当时他已经 90 岁了。虽然当时我没有在场，但我想把当时培训负责人的所见所闻转述给大家。

当天，PHP 研讨会经营之道课程体系已经进行到第二天，培训对象是 14 名普通企业的经营骨干。这次来会场，不像上次一样是一时兴起。负责人事先就听说了松下幸之助中午会过来，便想方设法让他和与会者见一面。但他来得晚了些，等了半天没等到，负责人就先开始了下午的课程。

这时，会场大门突然被打开，松下幸之助和秘书一起走了进来。负责人原以为松下幸之助今天来不了了，看到他们突然到访便有些紧张，但还是让松下幸之助坐在了与会者对面的座位上。负责人逐一介绍了与会者的名字，并请松下幸之助讲话。

当时松下幸之助已经年过九旬,说的话很难被听懂。坐在一旁的负责人只好临时担当翻译一职,一句一句地进行翻译。原以为松下幸之助简单地打个招呼就会走,没想到他足足说了40分钟,负责人都翻译得筋疲力尽。

松下幸之助先是说了一番自己的成长经历,然后介绍了自己为什么开始PHP运动以及现在的想法,等等,之后就问与会者们有没有什么想问的。一位与会者问道:"松下先生,在您这90年的人生中,什么事情是让您最高兴的呢?"

松下幸之助说:"我刚才也提到当学徒、当伙计时候的事情了。要说这90年中最让我高兴的,就是那个时候第一次得到的零花钱,一枚五分钱的白铜币。在得到这枚白铜币之前,我每天都会因为思念母亲而流泪,得到它之后,突然就止住了。"

不仅是提问的人,在场的所有人几乎都对取得了巨大成绩、被称为世界企业家的松下幸之助的这一回答感到非常惊讶。

接着，又有人问道："现在，由于与日本贸易，美国的贸易逆差不断增加，对此您怎么看？"

松下幸之助坦率地说："这个嘛！日本是一个不贸易就无法生存的国家，所以这个问题不用想太多。把它看作命中注定，认真对待即可。"

这两个问题回答完之后，松下幸之助说："那么，今天就到这儿吧！承蒙大家关照PHP，尽管现在都是一些年轻人在负责，但还是请大家今后也一直多多关照！也承蒙大家关照松下电器，今后也请多多关照！"说着就站起了身，微微低下了头。

然后松下先生便拄着拐棍慢慢地走，走到一半，又停下脚步，回头微笑着点头致意说，"我以后每个月都来"，然后转身走出了房间。

这是松下幸之助生前最后一次出现在研讨会上。

奋斗到生命的最后一刻

我们都不知道自己的生命什么时候会结束,但是我们都希望在那个时刻到来之前都能做完自己想做的事情。

但在现实生活中,想要实现这个愿望是不容易的。我自己也快90岁了,偶尔我也会有此感叹。正因如此,S君的故事可以说给予了我莫大的鼓舞。

第 5 章
如何成就更好的人生

1983 年的时候，松下幸之助已经 88 岁高龄了，却依然精神矍铄地来 PHP 研究所上班。

当时的我，已经是研究局的负责人了，专门进行 PHP 研讨会等培训业务，也希望尽量创造机会向松下先生汇报研讨会的活动开展情况。

有一次，我请时任松下电器电池部门的专务舟桥正雄先生担任特别讲师，进行了一场约两个小时的讲座。因为他讲了一件令人印象非常深刻的事情，所以我决定把当时的录像拿给松下先生看。事情是这样的。

故事的主人公，是松下电器营业所里一位姓白井的所长，平时对待工作十分热情。

有一次，白井先生因病住院了。住院期间，看到护士为了不打扰其他病人休息，打了支手电筒为患者处理伤口的场景。他心想，一只手拿手电筒，另一只手做处理，这多不方便啊！如果能有一种轻便的照明用具，照亮伤处的同时还能用双手做其他事情，那多好啊！然后，他就把他的这个想法告诉了干电池事业部。

事业部很快便做出了一种钢笔灯，送到了白井先生的病床上。

白井先生马上把这钢笔灯拿给护士使用，发现它不太好固定在白大褂胸口的口袋上。白井先生就开始想着如何改良。

白井先生详细地了解了护士实际使用这种钢笔灯的感受之后，以这些为基础，思考出改良方案，寄给了事业部。事业部又赶快做出改良样品送过来，白井先生又再拿去给护士试用。如此反复多次。在这过程中，医院也在尽力地治疗他，但可惜的是，治疗并没有什么效果，他的病情一点点地恶化了。他当时患的是肝癌，他改良方案的字迹显示着他病情的恶化程度，字迹越来越模糊不清，最后都难以辨认了。

事业部在收集了现场医生和护士的意见和要求之后，积极研究，准备将这款灯商品化。得知这个决定的白井先生非常高兴，但遗憾的是，他最终没有看到成品就去世了。

半年之后，白井先生生前设计的这款白大褂胸前灯——"柔光灯"终于研制成功了。事业部的代表带着装有第一个"柔光灯"的木箱拜访了白井先生的家。他们在白井先生灵前表示了感谢，同时向他报告了这个好消息。"柔光灯"上市后好评如潮，供不应求。

舟桥正雄先生在讲座的同时还展示了白井先生当时写的改良方案的信，以及木箱里的一号商品。松下先生一直盯着录像看，直到看完之后，他说："这个故事太感人了。你马上把这个故事发表到松下电器内部报刊上。*PHP*杂志是不是也有我的版面？把这个故事也写进去吧！"

很快,白井先生的一系列故事就登载在公司内部报刊上。第二年,*PHP* 杂志的二月刊也以《奋斗到生命的最后一刻》为题,介绍了这个故事,同时也发表了松下幸之助的如下感想:

当我得知这个故事的时候,我感动得热泪盈眶。我们都知道年轻很好,然而 58 岁也是好年纪啊!虽说得不得病由不得自己,但当时卧病在床的 S 君,心里是怎么想的呢?他的家人的心情也可想而知。在这样的情况下,S 君直到临死前,都满腔热情地在工作着。

工作中热情比什么都重要,每当有机会的时候我都会对自己这么说,也会对员工们说。但听说了 S 君的故事后,我对他产生了由衷的钦佩。在病痛折磨中,在对病痛的不安与恐惧中,在眼看生命的火焰即将燃烧殆尽的时刻,S 君还能写出绝笔信,写下产品改良的方案。

所谓的"奋斗到生命的最后一刻",不就是指的 S 君这样的生活方式吗?想到这里,我不禁十分感动。

我们都不知道自己的生命什么时候会结束,但是我们都希望在那个时刻到来之前都能做完自己想做的事情。

但在现实生活中,想要实现这个愿望是不容易的。我自己也快 90 岁了,偶尔我也会有此感叹。正因如此,S 君的故事可以说给予了我莫大的鼓舞。

基于此,在衷心祈祷 S 君在天堂安息的同时,我也再次感觉到真的想像 S 君一样,奋斗到生命的最后一刻。

我是因白井先生拼命做出商品提案一事深受感动才向松下先生汇报的,听到这一消息的松下先生迅速做出反应,并充分表达自己的钦佩之情,于我而言这也是一段难忘的回忆。

这件事不禁让我重新思考,在日常生活中会碰撞出各种火花。每次碰撞后,我们都是如何感受的,又是如何行动的呢?这些应对的态度,就构成了我们的人生。

推荐阅读

无论在哪个国家,能获得成功的企业家都很多,但能够提炼出经营之道的企业家却为数不多,能够成为众人推崇的"经营之神"的企业家更是凤毛麟角。松下电器的创始人松下幸之助无疑在企业界树起了一座丰碑。他不但创立了一家享誉全球的成功企业,而且提出了一套普遍适用的经营哲学理念。本书系作为松下幸之助经营哲学理念的精粹,将为中国企业家提供有益借鉴。

推荐阅读

《攀登者：松下幸之助的经营哲学》

被誉为日本"经营之神"的松下幸之助，是攀登人生双峰的攀登者，相对个人的经营成就，他更专注于努力建设一个互信、互惠、互相依存的美好社会。松下幸之助根据自己的观察和思考，总结出了一整套关于宇宙、自然、人类的哲学思想。而这一切思想都源于他对"人性尊重"的人类观。因为有这样的人类观，他首创了"自来水哲学"的经营哲学，以及"经营即教育"的教育理念。通过对松下先生的经营法则、人生哲学和用人哲学的探究，我们不但可以获得"企业经营的成功心法"，还能为自己的精神世界找到归宿。

《攀登者2：松下幸之助的用人哲学》

"经营人心、洞察人性"是影响世界的"经营之神"松下幸之助先生总结的极具东方哲学色彩的经营管理智慧。本书讲述的选人、育人、用人的道与术，用人哲学是松下幸之助经营哲学的重要组成部分。书中既有育人用人的底层逻辑和哲学思考，又有实用的系统、工具和方法。松下幸之助是跨越时代的经营者，他半个世纪前的经营管理思想，对现代商业世界具有重大的指导意义和实践价值。